Editorial

AF236138

Liebe Leserinnen und Leser,

lassen Sie in der neuen SOMMERGRAS-Ausgabe noch einmal den Winter Revue passieren in den von unserer Redaktion ausgewählten Haiku zum Thema. Diese nun so gut wie hinter uns liegende Jahreszeit spiegelt sich auch in einer Anzahl von Haiku aus der Auswahl der außerredaktionellen Jury wider, die bekanntlich aus jeweils drei wechselnden DHG-Mitgliedern besteht. Melden Sie sich doch bitte, wenn Sie einmal daran teilnehmen möchten. SOMMERGRAS lebt schließlich von der Beteiligung und den Beiträgen unserer Leserschaft und der DHG-Mitglieder. Auch in der hier vorliegenden Ausgabe bringen sie sich wieder ein, je nach ihren persönlichen Interessen und Talenten, dichterisch, theoretisch oder berichtend, informierend über ihr konkretes Engagement für das Haiku, das Haiga oder andere verwandte Genres. Einen ganz besonderen Dank möchte ich im Namen der Redaktion und des Vorstandes Stefan Wolfschütz aussprechen, der unsere DHG-Webseite modernisiert hat. In neuem Gewand und mit dem neuen Namen „Hallo Haiku" ist sie seit Februar online. Stefan Wolfschütz schildert in seinem Bericht, was es an Neuem zu entdecken gibt.

So bleibt mir nur noch, Ihnen eine angenehme und inspirierende Lektüre zu wünschen.

Freuen Sie sich auf Neues, freuen Sie sich auf den Frühling!

Ihre Eleonore Nickolay

Frühlingsregen fällt,
und alles, was grünt, hat
plötzlich seinen Namen.
Komatomi*

*Aus: Bambusregen. Haiku und Holzschnitte aus dem „Kagebōshishū". Übersetzt und herausgegeben von Ekkehard May und Claudia Waltermann

Inhalt

Deutsche Haiku-Gesellschaft e. V.

Die Deutsche Haiku-Gesellschaft e. V.[1] unterstützt die Förderung und Verbreitung deutschsprachiger Lyrik in traditionellen japanischen Gattungen (Haiku, Tanka, Haibun, Haiga und Kettendichtungen) sowie die Vermittlung japanischer Kultur. Sie organisiert den Kontakt der deutschsprachigen Haiku-Dichter untereinander und pflegt Beziehungen zu entsprechenden Gesellschaften in anderen Ländern. Der Vorstand unterstützt mehrere Arbeits- und Freundeskreise in Deutschland sowie Österreich, die wiederum Mitglieder verschiedener Regionen betreuen und weiterbilden.

[1]Mitglied der Federation of International Poetry Associations (assoziiertes Mitglied der UNESCO), der Haiku International Association, Tokio, Ehrenmitglied der Haiku Society of America, New York.

Anschrift   Deutsche Haiku-Gesellschaft e.V., z. Hd. Stefan Wolfschütz,
                   Postfach 202548, 20218 Hamburg

Vorstand

Info/DHG-Kontakt   Horst-Oliver Buchholz,
und Redaktion   horst-oliver.buchholz@dhg-vorstand.de

Redaktion   Eleonore Nickolay,
                   eleonore.nickolay@dhg-vorstand.de

Kassenwartin   Petra Klingl,
                   petra.klingl@dhg-vorstand.de

Website   Stefan Wolfschütz,
                   stefan.wolfschuetz@dhg-vorstand.de

                   Claudia Brefeld,
                   claudia.brefeld@rub.de

Internationale   Klaus-Dieter Wirth,
Kontakte   kd.wirth@dhg-vorstand.de

                   Peter Rudolf,
                   peter.rudolf@dhg-vorstand.de

                   Tony Böhle,
                   tony.boehle@dhg-vorstand.de

Bankverbindung: Landessparkasse zu Oldenburg,
                      BLZ 280 501 00, Kto.-Nr. 070 450 085
                      (BIC: SLZODE22XXX, IBAN: DE97 2805 0100 0070 4500 85)

FSC
www.fsc.org

MIX

Papier aus ver-
antwortungsvollen
Quellen
Paper from
responsible sources

FSC® C105338

Bibliografische Information der Deutschen Nationalbibliothek:
Die Deutsche Nationalbibliothek verzeichnet diese Publikation in der Deutschen
Nationalbibliografie; detaillierte bibliografische Daten sind im Internet über
dnb.dnb.de abrufbar.

©2020 Deutsche Haiku-Gesellschaft
Herstellung und Verlag:
BoD – Books on Demand, Norderstedt
ISBN 978-3-752855-08-1

Weiterdichten

Ein Haiku zum Winter

Hat sich zurückgezogen, der Winter; Frühling bricht auf dieser Tage. Aus der kalten Jahreszeit bleiben noch ein paar Erinnerungen – und einige Haiku, die uns erreicht haben, als wir Sie einluden, ein „Haiku zum Winter" zu dichten. Allen Kreativen herzlichen Dank. So fanden insgesamt 38 dreizeilige Gedichte mit Impressionen, Gedanken und Gefühlen zum Winter in unsere Redaktionsstube. Einige davon haben wir hier für Sie ausgewählt, alle weiteren werden auf der Internetseite der Deutschen Haiku-Gesellschaft veröffentlicht.

Krankenhausfenster
vom Dach tropfen langsam
die Eiszapfen
Christa Beau

Dezemberamsel
sie singt ihr
den Winter vom Leib
Martin Berner

Wintersturm.
Das Elsternnest im Birkenwipfel
hält stand.
Reinhard Dellbrügge

Wintersonne
kalt wie dein Tod –
ein Versprechen.
Loretta Gaukel

Neujahrsabend
im Dorf unterwegs
nur der Mond
Claus Hansson

weiße Hussen
die Kinder spielen
Winter
Gabriele Hartmann

Verschneiter Weg
sie fragt ihn nach ihrem
eigenen Namen
Birgit Heid

Winterregen
Im Mülleimer verwelken
seine Rosen
Deborah Karl-Brandt

wach geküsst
mitten in der Nacht –
erstes Schneelicht

Gérard Krebs

Schneeweg –
unter den Spuren schlummert
der Frühling

Angelica Seithe

tiefer Winterwald
seine Stille betreten
seine Stille in mir

Klaus-Dieter Wirth

Die Zeit bleibt stehen.
Nun fängt der Wintermond an
zu fließen

Masami Ono-Feller

Neuschnee
frische Fährten und Spuren
erzählen

Claudia Skera

Besonders gefallen hat ein Haiku von Eva Limbach, das die meisten Punkte der Juroren bekam. Wir gratulieren! Das Haiku lautet:

wie warm er hält
der schwarze Mantel den ich
niemals tragen wollte

Ein sehr klares Haiku, einfach im besten Sinne. Das Empfinden von Wärme, ein Gefühl also, ist es, das hier zu einer Erkenntnis führt. Der schwarze Mantel, aufgegeben zuvor, nicht gemocht, vielleicht gar aussortiert, gibt die Wärme, gibt etwas wie Geborgenheit. Wir lernen hier Achtsamkeit, achtsam sein auch mit den Dingen, denen wir uns nicht (mehr) zuwenden, die wir abgelegt haben. Sie könnten Wert haben, den wir noch nicht erkannten.

Gedankliche Erkenntnis in einem Haiku ist zumeist heikel, denn ein Haiku ist seiner Natur nach nicht explizit belehrend. Hier aber ist der Gedanke poetisch geglückt, denn die Erkenntnis wird nicht ausgesprochen, sie vermittelt sich vielmehr ungesagt durch eine sinnliche Erfahrung. Eine glückliche Fügung, aus der ein gelungenes Haiku entstanden ist.

Kommentiert von Horst-Oliver Buchholz

Aufruf: Ein Haibun zu einem besonderen Ort

Wohl jeder von uns hat einen Ort, den er als besonders erfährt und empfindet. Sei es wegen seiner Schönheit, sei es, weil er den Ort mit besonderen Erinnerungen verbindet. Lassen Sie sich davon inspirieren! Wir laden Sie herzlich ein, ein Haibun zu schreiben zu einem Ort, der ein besonderer für Sie ist.

Neben der prägnanten und schlichten Sprache, die schon Bashō für ein wesentliches Merkmal des Haibun hielt, liegt eine besondere Kunst des Haibun darin, eine geglückte Verbindung zwischen Prosatext und Haiku zu schaffen. Das Haiku sollte nicht die poetische Zusammenfassung der Prosa sein. Vielmehr sollte eine Verbindung zum Prosatext erkennbar oder wenigstens zu erahnen sein und vielleicht gar darüber hinausweisen, dem Prosatext ein neues Bild an die Seite stellen, ohne die Bindung daran zu verlieren. Wir sind gespannt und freuen uns auf viele Haibun für die kommende Ausgabe!

Einsendungen bitte bis zum 15. April an
redaktion@sommergras.de
Stichwort: Haibun – Ein besonderer Ort

Und bitte denken Sie daran: Es dürfen nur bislang unveröffentlichte Texte eingereicht werden.

HaiQ – Eine neue Rubrik stellt sich vor …

HaiQ, das klingt nach Haiku und doch anders. Diese Beschreibung trifft den angedachten Charakter der neuen Rubrik, die es ab der kommenden SOMMERGRAS-Ausgabe regelmäßig geben soll, ziemlich genau.

Wir möchten Ihnen mit dieser Rubrik einen Raum geben, abseits der etablierten Haiku Pfade – egal ob traditionell oder Gendai – zu wandeln. Wir möchten Neues ausprobieren, experimentieren, die Grenzen des Haiku ausloten, erweitern, überschreiten …

Senden Sie uns Ihre experimentellen Haiku, gerne auch unfertig, als Rohentwürfe, Fragment, etc.

Wir sammeln Ihre Ideen und stellen diese bei passender Gelegenheit der Leserschaft vor, so wie es sich thematisch anbietet. Wichtig ist uns dabei, dass Sie nicht bloß ein Haiku einsenden, sondern kurz (maximal eine DIN A5-Seite) erläutern, wie und warum Sie welche Grenze oder Norm des Etablierten „verletzt" haben! Was ist neu an Ihrem Haiku, worin besteht seine Fortschrittlichkeit im Vergleich zum Bisherigen?

Diskussionen zu den veröffentlichten Texten – pro und kontra – sind ausdrücklich gewünscht!

HaiQ – Unterstützen Sie uns dabei mit Ihren kreativen Ideen, senden Sie uns Ihre Haiku abseits aller etablierten Normen und Vorgaben!

Claudia Brefeld / Thomas Opfermann

Haiku-Kaleidoskop

Klaus-Dieter Wirth

Grundbausteine des Haiku (XXXIX)
dargestellt an ausgewählten Beispielen

Poetisierung

In Anbetracht der Schwierigkeit, zu einer verbindlichen Definition des Haiku zu gelangen[1], kam Martin Lucas[2] zu der bemerkenswerten Quintessenz, dass sich das Haiku letztlich gewissermaßen mit jedem neu geschriebenen Haiku jeweils neu definiert. Und als Kernaussage fügte er bezeichnenderweise hinzu: „Haiku needs poetic spell, i. e. not too much of thought." („Das Haiku braucht poetischen Zauber, d. h. nicht zu viel Gedankliches."). Der Flame Diederik De Beir spricht auf der gleichen Linie von „poetischer Spannkraft"[3].

Andererseits wird bekanntlich immer wieder darauf hingewiesen, dass Inhalt und Ausdruck möglichst schlicht und unprätentiös zu halten sind. Im Anschluss an die letztere Eigenschaft ist dann auch die folgende Aussage zu interpretieren: „Lack of poetic elegance is one of the characteristics of haiku."[4] („Mangel an poetischer Erlesenheit ist eins der Hauptkennzeichen des Haiku.").

---

[1]Ergebnis eines Essays von Max Verhart:*The Essence of Haiku as Perceived by Western Haijin* („Das Wesen des Haiku aus der Sicht westlicher Haijin"), erschienen in der US-amerikanischen Haiku-Zeitschrift *Modern Haiku*, Volume 38.2 im Sommer 2007, wozu der Autor insgesamt 29 Haiku-Dichter aus 19 Ländern angeschrieben hatte.

[2]Ehemaliger Präsident der Britischen Haiku-Gesellschaft (BHS), der als Erster in Großbritannien mit einem Haiku-Thema („Das Haiku als kreative Schreibform") promovierte und von 1996 bis zu seinem frühzeitigen Tod 2014 Herausgeber seiner Haiku-Zeitschrift *Presence* war.

[3]*Haikoe in Vlaanderen*, in *Waakvlam* (Sparflamme) – *25 jaar Haikoe-centrum Vlaanderen* (1976–2001), hrsg. v. Ferre Denis, Clara Haesaert, Karel Hellemans, S. 165, ISBN 90-75714-15-7.

[4]*Kōko Katō / David Burleigh: A Hidden Pond – Anthology of Modern Haiku*, Kadokawa Shoten, 1997, S. 227, ISBN 4-04-883453-3 C0095.

Zusammengefasst heißt das: Die poetische Komponente ist auf jeden Fall zu pflegen, insbesondere was den Rhythmus und Klang, den treffsicheren Ausdruck, die Ausgewogenheit im Gesamteindruck betrifft. Unbedingt zu vermeiden sind dagegen jegliche Effekthascherei und überzogene Poetizität.

Vorrangig bleibt der „Geist des Haiku", wiederum ein schwer zu fassender Begriff. Er erschließt sich noch am besten über die Grundkriterien, die die Shōmon-Schule Bashōs herausgearbeitet hat:

wabi	die Ästhetik des Einfachen, Alltäglichen
sabi	die Wertschätzung der Einsamkeit, inneren Heiterkeit
aware	das tiefe Berührtsein vom Vergänglichen, das auch zum Schreiben drängt
karumi	die Unbeschwertheit sowie Leichtigkeit des schlichten Ausdrucks bei tiefstmöglicher Einfühlung
hosomi	die subtile Aura, Feinsinnigkeit eines Haiku
shiori	die Übertragung eines Empfindens in die ein(zig)e ihm angemessene Form
yūgen	das Geheimnisvolle, die Tiefe, Leere, Stille, Andeutung, Undefinierbarkeit
atarashimi	das wahrhaft Neue als Gegenbegriff zum Traditionellen
zōka zuijun	das Streben nach dem Ursprünglichen, Kreativen
fueki ryūko	das Beständige und Veränderliche in Kombination
fūga no makoto	die Wahrhaftigkeit der Dichtung

Wie dem auch sei, die Wichtigkeit und Notwendigkeit der Poetisierung ist allein schon dadurch erwiesen, dass selbst so prosaisch anmutende, thematische Aspekte, wie eine „Feststellung"[5] oder „Beschreibung"[6] als Grundbausteine des Haiku funktionieren konnten. Im japanischen Haiku kommen als poetische Mittel vor allem die Alliteration und Assonanz[7] sowie die Klangmalerei[8] zum Zuge.

Midwinter cold	Mittwinterkälte
spreading blue silk over	breitet blaue Seide über
the morning sky[9]	den Morgenhimmel aus
Kazuko Arima (JP)	

Rays of sunset light	Die untergehende Sonne
passing through	versinkt im Buchweizen
to dye the buckwheat stems[10]	färbt die Halme ein
Yosa Buson (JP)	

Fin des grands froids	Ende der strengen Kälte
Les couleurs de la montagne	Die Farben des Berges
Bougent[11]	Bewegen sich
Aoki Getto (JP)	

Every so often	Hin und wieder
it mutters an archaic word:	brummelt sie ein archaisches Wort:
the toad[12]	die Kröte
Shijūkara Iwashita (JP)	

---

[5]Vgl. Grundbaustein XI
[6]Vgl. Grundbaustein XX
[7]Vgl. Grundbaustein V
[8]Vgl. Grundbaustein X
[9]Übersetzung von Kôko Katô und David Burleigh
[10]Übersetzung von William R. Nelson und Takafumi Saito
[11]Übersetzung von Alain Kervern
[12]Aus: *Frogpond* (Froschteich) 32.2, Haku-Zeitschrift der HSA (Haiku Society of America) 2009

The voice of autumn –
a lavender breeze moves
through the koto strings[13]

Koko Katō (JP)

Stimme des Herbstes –
ein Hauch von Lavendel zieht
durch die Saiten der Koto

Vent de fraîcheur
Le ciel vide est plein
De la clameur des pins[14]

Uejima Onitsura (JP)

Frischer Wind
Der leere Himmel voll
Vom Rauschen der Pinien

Rau der Föhnwind greift
in die Eiszapfenharfe –
bis die Saiten reißen.

Michael Groißmeier (DE)

laue Luft
eine Lerche verschwindet
in ihrem Lied

Gérard Krebs (CH/FI)

jugendstilbad
im blauen wasser
verschwimmt die zeit

René Possél (DE)

der Sommer
dehnt sich in die Dämmerung
Duft von Levkojen

Angelika Seithe (DE)

Sattes Grün
zwei Hunde modellieren
eine Schafherde

Friedrich Winzer (DE)

irisches Tagebuch
zwischen Wollgras und Binsen
der weidende Wind

Klaus-Dieter Wirth (DE)

smeltwater
winterlicht vastgevroren
aan de rotswand

Bouwe Brouwer (NL)

Schmelzwasser
Winterlicht festgefroren
an der Felswand

---

[13]Eigene Ko-Übersetzung mit David Burleigh
[14]Übersetzung von Alain Kervern

13

Bloemblaadjes –
langzaam regent ze leeg
de magnolia

    Truus de Fonkert (NL)

Blütenblätter –
langsam regnet sie leer
die Magnolie

In alle stilte
kust ze de kleuren wakker,
de rijzende zon.

    Leon Scevenels (BE)

In aller Stille
küsst sie die Farben wach,
die aufgehende Sonne.

In het regenwoud
de schreeuw van een papagaai –
een schreeuw vol kleuren.

    Herwig Verleyen (BE)

Im Regenwald
der Schrei von einem Papagei –
ein Schrei voller Farben

without a breeze
the sound
of leaves falling

    Tom Clausen (US)

ohne jede Brise
das Geräusch
von fallenden Blättern

winter weather
the indoor language
of sighs

    Margarita Engle (CU/US)

Winterwetter
die Innenraumsprache
von Seufzern

tap tap tap
a thrush seeks the soul
of a snail

    Kevin Goldstein-Jackson (GB)

tap tap tap
eine Drossel sucht die Seele
einer Schnecke

colouring
a leafless bough
robinsong

    Brenden Kent (GB)

koloriert
einen blattlosen Zweig
Rotkehlchengesang

the rusty mill
grinding water
into twilight

Michael McClintock (US)

die rostige Mühle
mahlt Wasser
zu Zwielicht

bare branches
a raven weighing
moonlight

Claire Vogel Camargo (GB)

kahle Äste
ein Rabe wiegt
Mondlicht ab

La lune a laissé
parmi les roseaux fanés
un peu de blancheur

Patrick Blanche/FR)

Der Mond hat
im welken Röhricht ein wenig
Weiß zurückgelassen

ciel bavard
deux corneilles m'empêchent
de broyer du noir

Hélène Boissé (CA)

geschwätziger Himmel
zwei Krähen hindern mich daran
schwarz zu sehen

touffeur du jour
l'araignée d'eau patine
sur le silence

Gérard Dumon (FR)

Bruthitze
der Wasserläufer gleitet
über die Stille

brise matinale
se promener dans le parc
sur les traces d'un rêve

Minh-Triêt Pham (VN/FR)

Brise am Morgen
im Park spazieren
auf den Spuren eines Traums

balade nocturne
le nacre des coquillages
couleur de lune

Denise Therriault Ruest (CA)

nächtlicher Spaziergang
das Perlmutt der Muscheln
mondfarbig

clouds flow
in the teacup
a sip of sky[15]

Dainius Dirgela (LT)

Luna de marzo:
los sauces del arroyo
tocan la luz.

Carlos Durilén (AR)

stagno ghiacciato –
il canneto mórmora
parole bianche

Antonella Filippi (IT)

On the road
fragrance of mowed hay
drawn by horses.[16]

Erika Škalabrin (HR)

flashes of sunlight
the chirp of sparrows flutters
from branch to branch

Saša Važić (RS)

a spider weaving
a new string on the guitar –
silent music[17]

Željka Vučinić-Jambrešić (HR)

Wolken ziehen
in der Teetasse
am Himmel nippen

Märzmond:
die Weiden am Bach
berühren das Licht.

gefrorener Teich –
das Röhricht murmelt
weiße Worte

Auf der Landstraße
Duft von gemähtem Heu
von Pferden gezogen.

Sonnenlichtblitze
das Tschilpen von Spatzen flattert
von Zweig zu Zweig

eine Spinne webt
eine neue Saite auf die Gitarre –
stille Musik

---

[15]Übersetzer unbekannt
[16]*Übersetzung von Đurđa Vukelić-Rožić*
[17]*Übersetzung von Đurđa Vukelić-Rožić*

Eleonore Nickolay

Die Französische Ecke

Jung und neu wie das neue Jahr kommt die 66. Ausgabe von Gong mit dem Thema „Jung und neu mit Haiku" im Januar 2020 daher. Da geben drei Haiku-Workshop-Leiter und -Leiterinnen spannende Einblicke in ihre langjährige Arbeit vornehmlich mit Kindern und Jugendlichen.

So schlägt zum Beispiel Haiku-Dichter Thierry Cazals in seinen Workshops den Kindern vor, sich einen Dichternamen (japanisch: *haigo*) auszudenken, so wie es unter den klassischen Hajin üblich war. Darin sieht er mehr als ein amüsantes Spiel: „Das sagt viel über uns aus. Deshalb sollten wir uns vorher ein paar Fragen stellen. Welches Element steht uns am nächsten, die Erde, das Feuer, das Wasser, die Luft? Welches Tier, welche Pflanze? Was ist uns näher, eine Wolke oder eine Wurzel? Welche Empfindung berührt uns mehr, eine Schneeflocke, die auf unserer Stirn schmilzt, der erfrischende Geschmack einer Orange, das Rauschen des Windes im Bambus?"

Haiku-Dichterin und -Verlegerin Isabel Asúnsolo hingegen entführt uns in eine ganz andere Welt. Sie erzählt von der Herausforderung, die ein Haiku-Workshop mit jungen Strafgefangenen bedeutet, die cool tun und auf Rap und Reim stehen.

Auch sehr Persönliches gibt es zu lesen. Da erzählt eine junge Mutter, wie sie in ihren Haiku die magischen Momente mit ihrer kleinen Tochter festhält:

Crépuscule d'automne   Herbstdämmerung
ta main sur la fenêtre   deine Hand auf dem Fenster
pour attraper la lune   will den Mond einfangen
   Lamis Rouini

Da erinnert sich in einem Haibun eine Französischlehrerin aus Quebec an ihre mit Ängsten und Zweifeln behaftete Anfangszeit im Schulbetrieb:

classe vide
des larmes sur mon cahier
premier jour d'enseignement
    Geneviève Fillon

leerer Klassenraum
die Tränen auf meinem Heft
erster Unterrichtstag

Dem Aufruf, zu dem Thema Haiku einzusenden, folgten 75 Autoren und Autorinnen. Die Jury, die wie in SOMMERGRAS immer aus drei wechselnden Juroren besteht, war dieses Mal besonders streng: Aus 419 Haiku wählte sie 62 von 36 Autoren und Autorinnen.

nouvel hiver –
le feu de bois me ramène
des morceaux d'enfance
    Francine Aubry

neuer Winter –
das Holzfeuer holt mir
Stücke aus der Kindheit zurück

Premières gelées
j'envie le sommeil des carpes
au fond de l'étang
    Anne Brousmiche

Erster Frost
ich beneide die Karpfen um den Schlaf
auf dem Teichgrund

ravalement
dans la benne de plâtras
les nids d'hirondelles
    Annie Chassing

Fassadenrenovierung
im Gips-Müll des Containers
die Schwalbennester

balade haïku –
sous le ciel maussade
des élèves radieux
    Rose DeSables

Haiku-Spaziergang –
unter dem trüben Himmel
strahlende Schüler

Deuxième jour de l'an
Un jeune homme dans le métro
Noue sa cravate
    Julien Soufflet

Zweiter Tag des Jahres
Ein junger Mann in der Metro
Bindet seine Krawatte

Sur le quai
dans une vieille chaise percée
quelques pousses d'iris

   Monique Leroux Serres

auf dem Bahnsteig
in einem durchlöcherten alten Stuhl
Schwertlilien-Sprösslinge

L'an neuf
seul cadeau dans le soulier
du sans domicile fixe

   Alain Letondeur

Neues Jahr
das einzige Geschenk im Schuh
des Obdachlosen

de nouveau l'hiver
le grand pic est revenu
dans le vieux bouleau

   Louise Vachon

aufs Neue Winter
der Helmspecht ist zurück
in der alten Kiefer

Geminiden

die Stille klingt nach
Ewigkeit

Foto: Paul Bernhard, Haiku: Claudia Brefeld

19

Jürgen Gad

Die Wabi-Sabi-Ästhetik, Bashōs Haiku und das Gute – oder wie dichtet man ohne zu dichten

In der Wabi-Sabi-Ästhetik (bzw. klassischen Japanischen Ästhetik) ist das Schöne gleichbedeutend mit dem Wahren und Guten. Nachdem in den beiden vorangegangenen Essays (SOMMERGRAS 122 und 123) das Schöne behandelt wurde, soll es in diesem Essay um das Gute gehen. Um zu verstehen, was Bashōs Haiku-Dichtkunst mit dem Guten zu tun hat, ist es nötig, sich etwas näher mit drei buddhistischen Grundbegriffen zu befassen: Gier, Hass und Verblendung, wobei Gier und Hass unmittelbar aus Verblendung entstehen. Unter Verblendung versteht man im Buddhismus die gewöhnliche Wirklichkeitssicht, in der die Welt in ein Subjekt und ein Objekt gespalten (Subjekt-Objekt-Spaltung) ist, wobei sowohl das Subjekt als auch das Objekt als Substanz im metaphysischen Sinn gedacht ist. In dieser Weltsicht, die auch als Illusion bezeichnet wird, steht das Ich dem Nicht-Ich (der Welt) als das Andere gegenüber, wobei angenommen wird, dass beide durch ein unveränderliches Wesen (Substanz) zu charakterisieren sind.

Bashō selbst war Zen-Buddhist. In einem Essay von Ueda (in Hume) über Bashōs Haiku-Dichtkunst erfahren wir, dass Bashō seine Haiku nicht nur als Kunstform betrachtete, sondern dass seine Haiku für ihn auch einen moralischen, sogar religiösen Charakter hatten, die für ihn ein Mittel waren, das Leid, das durch Gier, Hass und Verblendung entsteht, zu lindern.

Zen bedeutet in Übersetzung Meditations-Buddhismus, d. h. seine Wirklichkeitssicht ist das Ergebnis von meditativen Übungen, mit deren Hilfe die geschilderte dualistische Weltsicht überwunden werden kann. Die Welt wird stattdessen als ein dynamisches und unteilbares (holistisch) Ganzes erfahren.

Zen zielt mithilfe von verschiedenen praktischen Methoden darauf ab, dem Übenden durch Selbsterkenntnis die eigene unbewusste Verblendung vor Augen zu führen, um ihm damit von den beiden Geistesgiften Gier und Hass zu befreien bzw. sie zu mindern.

Praktisch gesehen ist Zen die Kultivierung des Bewusstseinszustands von *mu-shin*, was so viel bedeutet wie „leerer" bzw. Nicht-Geist. Die Übungen des Zen, seien es nun Sitzmeditation oder die Haiku-Dichtung von Bashō, zielen darauf ab, die gewöhnliche dualistische Weltsicht zu überwinden, in der das eigene Ich in Opposition zum Nicht-Ich der Welt steht und daher in ein Subjekt und ein Objekt gespalten ist. Gier und Hass sind dabei die unausweichliche Folge dieser Weltsicht. Die nachfolgende Begründung macht daher klar, warum die Haiku-Dichtung mithilfe des Bewusstseinszustands von *mu-shin* das ethisch Gute ist und damit Gier und Hass unterbindet.

Das substanzielle Ich nimmt die Worte und Begriffe, die es mithilfe des dualistischen Denkens gewonnen hat, für real. Im Buddhismus wird dieser Zustand als Anhaftung des Geistes bezeichnet. Als unausweichliche Folge identifiziert und definiert sich das substanzielle Ich selbst mit diesen dualistischen Begriffen und sucht darauf sein Selbst gegenüber anderen Ichs (mit anderen Begriffen) bzw. der Natur abzugrenzen. Die Welt kann dem Erkennenden daher nicht mehr unmittelbar erscheinen, wie sie wirklich ist, sondern nur mithilfe des Denkvorgangs selbst erschlossen werden. Im Buddhismus, als auch im Zen, werden aber diese Begriffe, die mithilfe von Denken gewonnen werden, lediglich als ein Zeiger auf die Wirklichkeit verstanden: Wie ein Finger, der auf den Mond zeigt, sie sind aber nicht der Mond! Daraus resultiert im ganzen ostasiatischen Sprachraum, der vom Zen-Buddhismus beeinflusst wurde, eine Geringschätzung des Wortes bzw. des abstrakten Denkens als Mittel der Erkenntnis, der in folgendem Ausspruch gipfelt: Das Zen, das sich sagen lässt, ist nicht das Zen. Das heißt, die Wahrheit des Zen ist nicht mithilfe von Worten mitteilbar, sondern kann nur mithilfe von Selbsterkenntnis praktisch erfahren werden. Da die Begriffe nur eine Illusion des dualistisch-reduktionistischen Denkens sind, sind sie als Folge in einer Diskussion nicht lösbar, und ein Streit mit nachfolgendem Hass der Diskutierenden ist unausweichlich, wenn sie für real genommen werden und der Geist ihnen dadurch anhaftet.

Gier ist die andere Seite des substanziellen Ichs. Es versucht sich mithilfe von Besitztümern, aufgrund der Anhaftung an das eigene Ich, zu vergrößern, woraus die Gier entsteht, die unabhängig davon, wie viel sie schon angehäuft hat, nach immer mehr strebt. Der Bewusstseinszustand des substanziellen Ichs bewirkt, dass der betreffende Mensch nach buddhistischer Ansicht zum Sklaven seiner eigenen Begierden wird, wobei es keine Rolle spielt, ob es sich dabei um materielle oder geistige Inhalte handelt. Als Beispiel sei an die Anhänger eines Gottes gedacht, der Nächstenliebe predigt und die sich trotzdem gegenseitig über die Auslegung seiner Worte bekriegen. Im Bewusstseinszustand von *mu-shin*, also „Nicht-Denken", hat das gewöhnliche, d. h. substanzielle Ich aufgrund fehlender Anhaftung aufgehört zu existieren, daher wird dieser Bewusstseinszustand mit Freiheit gleichgesetzt, dem Fehlen von Gier, Hass und Verblendung, deren Sklave das substanzielle Ich ist.

Bashōs Haiku, die mithilfe von *mu-shin* entstanden sind, sind immer das Ergebnis einer unmittelbaren authentischen Lebenskunst, in der die Subjekt-Objekt-Spaltung aufgehoben ist und die daher nicht irgendwelchen Theorien oder Modeerscheinungen anhaftet. Anders gesagt, sie sind nicht das Ergebnis eines wollenden substanziellen Ichs, denn das substanzielle Ich produziert stets, solange der Mensch davon beherrscht wird, ein absichtsvolles: Ich will … und als Folge davon Gier.

Nach dieser Vorrede fragt sich sicher der Leser, wie übt man praktisch *mu-shin* und wie entsteht daraus ein Haiku im Sinne von Bashō? Man kann auch anders fragen: Wie werde ich absichtlich absichtslos?

Der große Teemeister und Vollender der Wabi-Teezeremonie Sen no Rikyū formulierte das Problem so: „Selbst zu beabsichtigen, nicht beabsichtigen zu wollen, ist Absicht. Gilt es doch gerade, mein Lieber, nicht absichtlich Absicht nicht zu beabsichtigen."

Ein Hinweis, wie das Problem praktisch gelöst werden kann, ist bereits im Begriff *mu-shin* enthalten. *Shin* heißt auf Deutsch nicht nur Geist, sondern kann auch mit Verstand bzw. Denken übersetzt werden. *Mu-shin* bedeutet also etwa ein offener und weiter Geist, der an nichts anhaftet. Anhaftung entsteht, wie oben beschrieben, durch nach-denken. Im Bewusstseinszustand von *mu-shin* wird das Denken also unterbrochen. Im Prinzip handelt es sich bei der Haiku-Dichtung mithilfe von *mu-shin* um Meditation, deren Meditationsobjekt, im Gegensatz zur Sitzmeditation, nicht der eigene Körper und/oder der Atem ist, sondern das meditative Gewahren von Natur. Das Meditationsobjekt ist also der Naturausschnitt, in dem sich der Mensch gerade befindet und das er mit allen Sinnen gewahrt. Wie in der Sitzmeditation wird der Bewusstseinszustand von *mu-shin* durch Übung kultiviert. Der beobachtende Geist konzentriert sich auf die Natur. Gewöhnlich passiert dabei, nach sehr kurzer Zeit, Folgendes: Die Konzentration erlahmt und der Geist schweift ab. Man ertappt sich, wie man z. B. daran denkt, dass das Auto noch betankt werden muss.

Eine andere häufige Abschweifung ist, dass man völlig unbewusst anfängt, über das Wahrgenommene nachzudenken, oder anders gesagt, das Subjekt mithilfe von Denken in Opposition zum Objekt stellt, wodurch unweigerlich das Wahrgenommene zur dualistischen geistigen Interpretation des Subjekts wird.

Das Denken selbst erzwingt diesen Vorgang! In beiden Fällen, also sowohl bei der Sitzmeditation als auch bei der meditativen Gewahrung von Natur, wird in dem Moment, in dem bemerkt wird, dass die Konzentration abschweift, die „Operation" *kire* angewandt. *Kire* bedeutet so viel wie abtrennen bzw. abschneiden (und findet sich im Haiku auch im Schneidewort *kireji* wieder) und ist eine basale Tätigkeit, sowohl in den Zen-Künsten, als auch im Zen selbst, mit dessen Hilfe die Begierden abgeschnitten werden. Der unbewusst entstandene Gedankenstrang wird dabei unterbrochen und man kehrt wieder zur reinen Wahrnehmung, ohne alles absichtsvolle Wollen, zurück. Das ist alles! Was sich theoretisch so leicht anhört, ist in der Praxis eine langwierige Übung. Jeder, der auch nur ein einziges Mal meditiert hat, kann erleben, dass der Geist schon nach sehr kurzer Zeit abschweift. Das Gehirn ist hauptsächlich mit sich selbst beschäftigt und produziert ununterbrochen „Gedankensalat". Im Laufe der meditativen Übungen werden die Zeitabschnitte länger, in denen sich der Geist kontemplativ, rein beobachtend, verhält und man damit den offenen und weiten Geist von *mu-shin* bewahrt. Die meditativen Übungen bewirken im Laufe der Zeit eine Verbesserung der Wahrnehmungsfähigkeit, die im Zen Achtsamkeit genannt wird, wobei die Übung der Sitzmeditation unterstützend für die Haiku-Dichtung ist. Das Bewusstsein wird dabei sensibler und gewahrt immer subtilere Gegebenheiten, sowohl bei sich selbst als auch in der Natur. Hält man die Übungen lange genug durch, kann man eines Tages, wenn die Umstände günstig sind, erleben, dass ohne ein willentliches Zutun, Worte in die Sphäre des Bewusstseins dringen, die aufgrund der Interaktion des ganzen Menschen (d. h. inkl. des Unbewussten) mit der Natur entstanden sind. Ohne alle willentliche Absicht ist nun ein Haiku entstanden, indem die meditativ gewahrten Worte, mithilfe des Verstands, in die Haiku-Form, mit 5-7-5 Silben, gebracht werden. Bashō selbst sagte hierzu: „Über die Kiefer lerne von der Kiefer, über den Bambus lerne vom Bambus", und „befreie dich von deiner subjektiven Willkür." Von seinem Chronisten Dohō Hattori (in: Izutsu) erfahren wir weiter, dass er sagte: „Man halte den Geist auf der Höhe der Erleuchtungsstufe, aber kehre in die irdische Welt der Konkretheit zurück." Sowie:

> „Es gibt zwei Weisen zu dichten: Bei der einen ‚wird' ein Gedicht, bei der anderen ‚verfasst' man es. Wenn ein Dichter durch unablässige innere Schulung auf die Dinge draußen eingeht, ‚wird' diese Geisteshaltung ganz von selbst zu einem Gedicht. Ein Dichter jedoch, der es versäumt, sich unablässig innerlich zu schulen, bei dem ‚wird' nichts zu einem Gedicht, so daß er es eigenmächtig extra verfassen muß." (aus: Das rote Büchlein in Izutsu).

Die Zen-Ästhetik benutzt zur Beschreibung dieses Vorgangs ein Bild: Der meditativ wahrnehmende Geist ist wie die Oberfläche eines spiegelglatten Sees, sodass sich alles darin spiegelt, genauso wie es ist, Gedanken sind dabei wie der Wind, der die Oberfläche kräuselt und die Spiegelung verhindert.

Diese Art der Haiku-Dichtung ist dann keine Interpretation des Intellekts, indem das Subjekt mithilfe willentlicher Denkoperationen die Natur interpretiert, sondern der Dichter erlebt sich selbst als Teil eines dynamischen und holistisch Ganzen und bringt das konkrete Erleben in Haiku-Form zu Papier. Als Beispiel sei folgendes Haiku angeführt (aus Dombrady):

Köstlicher Reisährenduft!
Unsere Schritte zerteilen ihn – und
rechts leuchtet das Meer

Während der Wanderung gewahrt Bashōs weiter und offener Geist des *mu-shin* zunächst den Reisährenduft und dann, wie er ihn in Begleitung regelrecht durchteilt, um danach gleich, ohne dass der Geist der Duftwolke anhaftet, das leuchtende Meer zu bemerken. Wahrlich: Schöner kann man das „Wunderbare Sein" des Zen-Buddhismus, die gesteigerte Lebensfreude, die mit *mu-shin* einhergeht, wohl kaum wiedergeben.

Das Ich des Dichters erscheint dabei im je wahrgenommenen, einzelnen Moment jedes Mal unwiederholbar neu. Er empfindet sich nicht mehr als statisches und substanzielles Ich, das der Natur als das Andere gegenüber steht und hat somit die sonst unumgängliche Subjekt-Objekt-Spaltung abgestreift.

Oder um es mit den Worten des Zen-Meisters Shibayama zu sagen: „Öffnen wir unser Geist-Auge innerlich unserem wahren Selbst, dann ist jede Bewegung, jede Handlung der unmittelbare Weg des Zen."

Literatur:

Bashō, M. (1985): Auf schmalen Pfaden durchs Hinterland. Hrsg. u. übers. von G. S. Dombrady (Dieterich'sche Verlagsbuchhandlung) Mainz.

Gad, J. (2018 a): Zen, die Wabi-Sabi-Ästhetik und das Haiku – Teil 1. SOMMERGRAS 122, S. 29–42, Norderstedt.
(2018 b): Zen, die Wabi-Sabi-Ästhetik und das Haiku – Teil 2. SOMMERGRAS 123, S. 32–40, Norderstedt.

Hume, N. G. [Hrsg.] (1995): Japanese Aesthetics and Culture. (State University Press), New-York.

Izutsu, T. & T. (1988): Die Theorie des Schönen in Japan – Beiträge zur klassischen japanischen Ästhetik. Hrsg. und übers. von F. Ehmcke (DuMont), Köln.

Ohashi, R. (1994): Kire – Das „Schöne" in Japan – Philosophisch-ästhetische Reflexionen zu Geschichte und Moderne. – Übers. von R. Elberfeld (DuMont), Köln.

Shibayama, Z. (1974): Zen – Eine Blume spricht ohne Worte – Eine Einführung durch Gleichnis und Bild. (Otto Wilhelm Barth) Bern – München – Wien.

Traude Veran

Fotografie und Haiku-Dichtung

Neulinge auf dem Gebiet der Haiku-Dichtung empfinden deren aus dem Japanischen stammende Regeln häufig als fremd, für westliches Denken schwer nachvollziehbar und noch viel schwerer zu befolgen. In Wirklichkeit müssen wir nur den Standpunkt unserer Betrachtung ein wenig ändern – und schon erkennen wir, dass genau dieselben Regeln durchaus auch in der westlichen Kunst und Philosophie angewandt werden.

Der französische Künstler Henri Cartier-Bresson (1908–2004), bei uns hauptsächlich durch seine Schwarz-Weiß-Bilder bekannt, war einer der genialsten Fotografen des 20. Jahrhunderts. Er war 1947 Mitbegründer der Foto-Agentur MAGNUM in New York. Ihm haben wir viele der aktuellsten, der berührendsten, aber auch der schrecklichsten Bilder des 20. Jahrhunderts zu verdanken.

Eine seiner Bildersammlungen trägt den Titel „Images à la sauvettes" (1952, Bilder im Vorübergehen). Im Vorübergehen … entstehen so nicht auch Haiku? Nicht umsonst vergleichen wir das Haiku mit einem Schnappschuss! Es bildet einen Augenblick ab, der uns ergreift und kurz innehalten lässt. In einem Folder des Wien Museums lese ich: „Das Werk … (Cartier-Bressons) steht für die Möglichkeit, mit der Fotografie jenen emotional aufgeladenen entscheidenden Augenblick festzuhalten, der die Essenz einer Situation in sich trägt: Man sieht, man fühlt, und das überraschte Auge handelt."

Und Robert Sperl weiß „… von der Pflicht des Fotografen, stets bleibende Eindrücke von flüchtigen Ereignissen zu kreieren … Ziel war (für Cartier-Bresson) nicht, eine Aktion bloß einzufrieren, damit der Betrachter diesen Moment noch einmal ‚konsumieren' konnte. Es ging darum, eine Aktion regelrecht zu entschlüsseln." … Und weiter: „Magnum-Fotografen waren auch grandiose Geschichtenerzähler. Ihre Fotos sind nicht der Zuckerguss, sondern die Torte. Ein einziges Bild … reicht aus, um eine zweite, dritte, ja vierte Ebene eines Ereignisses herauszuschälen, welche die

Fantasie des Betrachters erst anregten und ihm halfen, ein Ereignis zu Ende zu denken."

Sperl spricht hier zwar von Sportfotografie – aber wenn das nicht die perfekte Definition eines Haiku ist!

Literatur

Henri Cartier-Bresson. Die Essenz von Paris. Wien Museum, 5. Ausstellung 2004/2005. Folder.

Sperl, Robert: Magnum Force. 70 Jahre Sportfotografie. The Red Bulletin, Mai 2017, S. 69.

Veran, Traude: Bildende Kunst und Haiku-Dichtung. SOMMERGRAS 114/2016, S. 15–18.

Veran, Traude: Harmonie und Spannung – Heraklit und das Haiku. ÖHG, Lotosblüte Wien 2019, S. 78f.

Foto: Paul Bernhard, Haiku: Claudia Brefeld

Neue DHG-Mitglieder

Neue DHG-Mitglieder im zweiten Halbjahr 2019 –
zusammengestellt von Thomas Opfermann

Folgende neue Mitglieder heißen wir herzlich willkommen und freuen
uns, sie mit zwei eigenen Texten hier an dieser Stelle vorstellen zu
können:

Michael Bereiter aus Frankfurt am Main / Hessen

Annette Bernold aus Boxberg **/** Baden-Württemberg

Dampfender Atem
kristalline Kälte spiegelt
mein Innerstes

Meinen Namen
hast du längst vergessen
die Liebe nicht

Verona Costache aus Wiesbaden / Hessen

eine Lichtdecke
knistert über den Bäumen
der Frühling wacht auf

zwei weißen Rosen
Himmelbau, Regentropfen
zarte Behausung

Karsten Daskalakis aus Mönchengladbach / Nordrhein-Westfalen

frühlingsgefühle
sonnenstrahlen begrüßen
den tag mit krokuss

in den tautropfen
gefüllter morgensonne
spiegelt sich alles

Delphine Eissen-Pierfederici aus Neubiberg / Bayern

après-midi calme –
entre deux respirations
un flocon tombe

clic clac des talons
dans la ville aux mille bruits
seulement celui-là

ruhiger Nachmittag –
zwischen zwei Atemzügen
fällt eine Schneeflocke

Klick Klack der Absätze
in der Stadt der tausend Geräusche
nur das

Gabriele Flacke aus Leverkusen / Nordrhein-Westfalen

Wolken, regenschwer
Über grauem Asphalt
Blattgold im Rinnstein

Lämmerwolkenschar
Von Windhunden gehütet
Grast im Sonnenschein

Nicol Goudarzi aus Köln / Nordrhein-Westfalen

seifenblasen
auf dem boden der tatsachen
spülmittelpfützen

aufs kölner bahnhofsdach
spritzen die regentropfen
echt kölnisch wasser

Petra Hodiamont aus Aachen / Nordrhein-Westfalen

Weihnachtsmarktbesuch
zwischen dunklen Buden
huschende Pfoten

Diamantenglanz
im lackierten Nagel
Karteoderbar

Andrea Jennert aus Potsdam / Brandenburg

Wie ein Streifen Schnee
Wohnen die Schwäne im Blau
Singen nur im Flug

Kleine Glückswortbüschel
Fliegen hin und her auf den
Wegen des Lächelns

Ingrid Meinerts aus Bremen

der Klang jener Tage
synaptische Knoten
sprühen Funken

Absprung
verpasst
Paternoster

Thilo Mutter aus Prag / Tschechische Republik
Monika Ott aus Chanonat / Frankreich
Heike Seemann aus Rüsselsheim / Hessen
Thomas Steiner aus Neu-Ulm / Bayern

Alexander Strestik aus Münster / Nordrhein-Westfalen

Weidenkätzchen weiß,
der Hoffnung unschuldige
Wiedergeburt

Rotgoldendes Laub
in den Baumkronen lodert:
Arm in Arm wir geh'n

Melitta Thomas aus Bremen

Die Sonne war´s
Im vertrockneten Schilfgras
Zartblaue Blüten

Bemooste Stufen
das Spiel der Nebellüfte
verwandelt in Perlen

Tobias Tiefensee aus Ludwigsburg / Baden-Württemberg

vor dem badspiegel
sie tanzt und singt
in ihren föhn

im modegeschäft
auf abgesessenem leder
wartende männer

Iris Ziesemer aus Kiel / Schleswig-Holstein

Grauer Regentag
Aber grüne Blätter in
Einer Tasse Tee

Stille umgibt
Die Wespe
Auf meiner Hand

30

Ausgezeichnet

Zusammengestellt von Horst-Oliver Buchholz

Beim **9th Polish International Haiku Competition** hat ein Haiku von **Deborah Karl-Brandt** lobende Erwähnung gefunden. Bei der Ausschreibung war auch ein Jahreszeitenwort (kigo) vorgeschrieben. Das ausgezeichnete Haiku lautet

midsummer sky	Mittsommerhimmel
the frogs croak	Die Frösche quaken
into the blue	ins Blaue
	(Übersetzung von der Autorin)

Beim **Haiku-Preis 2019**, ausgerichtet und organisiert von Volker Friebel, hatten 87 Autorinnen und Autoren insgesamt 165 Haiku eingereicht. 25 erfahrene Autorinnen und Autoren bildeten die Jury, die folgende Haiku als besonders gelungen werteten:

Platz 1	Platz 2
karfreitag	klosterarbeiten
ein schmetterling	zwischen golddraht und ikonen
bricht das tanzverbot	ein leises fluchen
Tobias Tiefensee	**Sonja Raab**

Platz 3

Befund
Ich warte
auf das Aber
Hans-Jürgen Göhrung

Wir gratulieren allen Autorinnen und Autoren sehr herzlich!

Wenn auch eines Ihrer Werke Platzierungen oder Auszeichnungen erhalten hat, schreiben Sie uns gerne: redaktion@sommergras.de

Auswahlen

Die Haiku- und Tanka-Auswahl März 2020

Es wurden insgesamt 239 Haiku von 86 Autoren und 34 Tanka von 19 Autoren für diese Auswahl eingereicht. Einsendeschluss war der 15. Januar 2020. Diese Texte wurden vor Beginn der Auswahl von mir anonymisiert.

Jedes Mitglied der DHG hat die Möglichkeit, eine Einsendung zu benennen, die bei Nichtberücksichtigung durch die Jury auf einer eigenen Mitgliederseite veröffentlicht werden soll.

Eingereicht werden können **nur bisher unveröffentlichte Texte** (gilt auch für Veröffentlichungen in Blogs, Foren, sozialen Medien und Werkstätten etc.).

Bitte keine Simultan-Einsendungen!

Bitte **alle** Haiku/Tanka **gesammelt in einem Vorgang** in das Online-Formular auf der DHG-Webseite selbst eintragen:

deutschehaikugesellschaft.de/haiku-und-tanka-die-auswahl/

Ansonsten per E-Mail an: auswahlen@deutschehaikugesellschaft.de

Der nächste Einsendeschluss für die Haiku-/Tanka-Auswahl ist der 15. April 2020.
Beachten Sie bitte folgende Änderung:

Jeder Teilnehmer kann bis zu **sechs** Texte – drei Haiku und **drei** Tanka – einreichen. Mit der Einsendung gibt der Autor/die Autorin das Einverständnis für eine mögliche Veröffentlichung in der Agenda 2021 der DHG sowie auf http://www.zugetextet.com/sowie für eine mögliche Vorstellung auf der Website der Haiku International Association.

Haiku-Auswahl der HTA

Die Jury bestand aus Marcus Blunck, Birgit Heid und Angelika Knetsch. Die Mitglieder der Auswahlgruppe reichten keine eigenen Texte ein.

Alle ausgewählten Texte – 55 Haiku – werden in alphabetischer Reihenfolge der Autorennamen veröffentlicht. Es werden maximal zwei Haiku pro Autor aufgenommen.

„Ein Haiku, das mich besonders anspricht" – unter diesem Motto besteht für jedes Jurymitglied die Möglichkeit, bis zu drei Texte auszusuchen (noch anonymisiert), hier vorzustellen und zu kommentieren.

Da die Jury sich aus wechselnden Teilnehmern zusammensetzen soll, möchte ich an dieser Stelle ganz herzlich alle interessierten DHG-Mitglieder einladen, als Jurymitglied bei kommenden Auswahl-Runden mitzuwirken.

Eleonore Nickolay

Ein Haiku, das mich besonders anspricht:

Spurensuche
herausgetreten bin ich
die Stiefel zu klein
   Ute Kassebaum

Zwei Ebenen bietet mir dieses Haiku an: Einerseits liegt hier eine Szenerie vor, in der ein Kind (darauf deuten die kleinen Stiefel hin) zunächst seine Fußabdrücke mit denen eines Erwachsenen vergleicht. Spielerisch stellt es seine Füße in die Spuren, die sich vermutlich im Schnee abzeichnen, wann sonst sind sie deutlicher und interessanter? Dann versucht es, seine kleinen Schritte den viel größeren anzupassen. Natürlich kann das Kind nicht Schritt halten, zu groß sind die Abstände zwischen den einzelnen Abdrücken.

Andererseits entsteht hier das Bild eines erwachsenen Menschen, der, vielleicht bei Durchsicht alter Dokumente, feststellt, dass er in die Gepflogenheiten und Traditionen seiner Familie nicht hineinpasst. Vielleicht entspricht sein Beruf nicht den Erwartungen, vielleicht ist sein Lebenswandel ein anderer. Ein ganzes Repertoire an Floskeln hält die Gesellschaft hierfür bereit: Da versucht einer, „in jemandes Fußstapfen zu treten", mit dem er aber „nicht Schritt halten" kann. Und wenn es ganz schlimm läuft, dann ist er „neben der Spur".

Das Holpern im Klang der zweiten Zeile, verursacht durch eine Partizip-Perfekt-Konstruktion, ist in diesem Fall nicht störend, sondern raffiniert eingesetzt, da es auch lautlich das Bild eines Menschen unterstützt, der mit den großen Schritten nicht mithalten kann und ins Straucheln kommt. Dass eben diese zweite Zeile nicht im Präsens verfasst ist, stört ebenfalls nicht, wird hier doch das zweite Bild unterstützt: Die Erkenntnis des Lyrischen Ichs, dass es nicht konform geht, erfolgt jetzt, in diesem Moment, in dem es seinen Werdegang mit dem seiner Familie vergleicht. „Herausgetreten" ist es also in der Vergangenheit, trotzdem beschreibt das Haiku, liest man es auf diese Weise, einen gegenwärtigen Augenblick des Erkennens.

Die Erkenntnis, den Erwartungen der anderen zuwiderzulaufen, kann frustrierend und sogar niederschmetternd sein. Trost bietet dann vielleicht, die eigene Situation mit einem Bild aus der Kindheit zu vergleichen, das die meisten Menschen in sich tragen, wenn sie damals Spiele und Spuren im Schnee ausgekundschaftet haben – mit dem Bild, das am Anfang dieses Textes steht: Dem Kind, das aus der viel zu großen Spur heraustreten muss. Es geht eine Weile neben den Abdrücken der großen Schuhe her, dreht sich um und stellt fest: Direkt hinter ihm befinden sich Abdrücke, viel kleinere – aber es sind die eigenen.

Ausgesucht und kommentiert von Marcus Blunck

Nachbarwohnung
ihr erstes Weihnachten
vor dem Fernseher

Deborah Karl-Brandt

Die Häufung der Informationen irritiert zuerst ein wenig. Offenbar handelt es sich um eine nachbarschaftliche Beobachtung, die in Erstaunen versetzt. Kann sein, dass man durch das Fenster die Lichtreflexe des Fernsehers sehen kann, es ist jedoch auch denkbar, dass sich ein vorweihnachtliches Gespräch unter Nachbarn ergeben hat. Sie könnten erzählt haben, dass sie in diesem Jahr nicht mehr bei der Familie der Tochter Weihnachten verbringen können, weil sie fortgezogen ist. Oder dass sie wegen ihrer zunehmenden Versehrtheit die Verwandtschaft nicht mehr besuchen können. Es sind Nachbarn, deren Lebenswandel es mit sich bringt, dass sie nun vor dem TV das Weihnachtsfest verbringen. Anders könnte die Sache liegen, wenn man an ein junges Paar denkt, deren Eltern zu weit weg wohnen, das nun alleine Weihnachten verbringt und abends mangels Möglichkeit nicht mehr ausgeht. Oder aber junge Eltern, deren Kinder frühzeitig zu Bett gebracht wurden, und die Eltern an Heiligabend an die Wohnung binden. Oder handelt es sich um eine Witwe? Oder um Asylsuchende? Oder um Menschen, die sich mit ihren Familien zerstritten haben?

Die Fülle an Möglichkeiten kann jedoch nicht darüber hinwegtäuschen, dass ein Weihnachten vor dem Fernseher wahrscheinlich nicht das ist, was man sich von Weihnachten wünscht, dass das Fernsehprogramm eine Notlösung ist, sofern man überhaupt Weihnachten feiert und es daher überhaupt erwähnenswert findet. Ihr erstes Mal sagt aus, dass es früher vermutlich schöner war, unter Freunden oder in der Familie. Denkbar wäre jedoch auch, dass früher wegen der Andersgläubigkeit der nachbarlichen Asylsuchenden Weihnachten nicht gefeiert wurde. Ob ein Weihnachtsfest dann vor dem Fernseher besser ist?

In der Nachbarschaft hat sich jedenfalls eine Veränderung, vermutlich zum Schlechteren, ergeben. Wird die Beobachtung zunächst einmal nur ins Bewusstsein gerufen und notiert, verändert sie auch in meiner Vorstellung die Haltung des oder der Schreibenden. Im Aufschreiben der gar nicht so besonders erwähnenswerten Beobachtung – da ein harmonisches Familienweihnachtsfest mehr Illusion als Realität zu sein scheint – erfolgt eine Hinwendung zu den nicht genannten Personen, eine innere Nähe entsteht, ein Dabeisein und eine Hoffnung, dass zumindest das Fernsehprogramm nach ihrem Geschmack sein möge.

Ausgesucht und kommentiert von Birgit Heid

Meeting
sie begutachten
ihre Sneakers
Friedrich Winzer

Freitagnachmittagsmeeting einer größeren Abteilung. Der Konferenzsaal hat einen graublau gemusterten Teppichboden, die Wände sind einheitlich weiß und bis auf ein freundliches DIN-A2- Farbfoto der Firma schmucklos. Die Kollegen kommen zusammen und tauschen Oberflächlichkeiten aus. Dunkelblau gepolsterte Stühle werden zum Platznehmen zur Seite gerückt. Raumeinnehmend das große, weiße Tischoval. Getränkeflaschen und Gläser stehen in Gruppen auf Servietteninseln auf den Tischen. Kaffeekannen werden hereingetragen, die Tassen sind den Sitzplätzen zugeordnet, Milchdöschen und Würfelzucker stehen in Schälchen bereit. Zwanzig Kollegen nehmen ihre Plätze ein.

Doch die Abteilungsleiterin verspätet sich. Man beginnt zu plaudern, indem gemeinsame Gesprächsthemen gesucht werden. Der linke Nachbar berichtet von seinem letzten Schuhkauf und zeigt und bespricht die Vorzüge seiner neuen Edelsneaker, indem er sich mit dem Stuhl zur Seite dreht. Es handelt sich um Air Jordan 5 Retro WMNS „Iridescent Oil Grey" in dezentem Türkis, wie er erklärt. Sein rechter Sitznachbar trägt die Jordan Max 200 im „Super Bowl LIV" Colorway. Die mehrfarbige Außensohle und die verblassten Farben auf dem Obermaterial erinnern ihn an Football-Spektakel. Ein weiterer Kollege mischt sich ein. Er liebt die Tom & Jerry x

Reebok Instapump Fury OG, allerdings benutzt er sie wegen ihrer futuristischen Aufmachung nur in der Freizeit. Seine mausgrau dezenten Adidas Ultra Boost Uncaged zeigt und bespricht auch er mit zunehmender Leidenschaft. Die Chefin kommt, das Meeting beginnt. Unter den Tischen strecken sie ihre Beine nach vorne und bewegen öfter als sonst ihre Füße.

Ausgesucht und kommentiert von Birgit Heid

Vor einer weißen Wand
weiße Blüten.
Meine Heimatlosigkeit.
   Volker Friebel

Heimatlos sein, nirgendwo hingehören, sich anpassen und unsichtbar werden … trotzdem die eigene Kontur behalten. Sehr offen, poetisch, nachdenklich. Es berührt mich sehr.

frostige Frühe –
aus den Wurzeln der Eiche
steigt das Morgenrot
   Angelica Seithe

Zuerst sehe ich ein schönes poetisches Bild. Dann aber irritieren mich „Eiche und Morgenrot", etwas zu patriotisch. Aber es überwiegt die Hoffnung … es kann gut werden.

Ausgesucht und kommentiert von Angelika Knetsch

Die Auswahl

grün drängt aus dem
orchideenstock – wird's wurzel
oder blüte
   Sylvia Bacher

Haiku-Vortrag
ein Zuhörer schwärmt
von Schillers Glocke
   Martin Berner

am Krankenbett
Großmutter operiert
den alten Teddy
   Christof Blumentrath

nach Hause …
in den Feldern wächst
Stille
   Horst-Oliver Buchholz

vollkommener Tag
so blieb es leer
mein Blatt in der Kladde
   Horst-Oliver Buchholz

Sie nahm meine Hand
ganz fest –
am Tag davor.
   Werner Buschmann

Rauer Winterwind.
Ein Gelber Sack
überquert die Straße.
   Reinhard Dellbrügge

Küstenweg –
ich eile zum Baumschatten
das Meer auch
   Valeria Barouch

heim von der Frauentagsdemo
liest sie
seine Socken auf
   Martin Berner

Kaffee mit Schuss
wir wechseln
die Tonart
   Christof Blumentrath

Beim Halleluja
aus dem Gesangbuch fällt
ein Sterbebildchen
   Heiner Brückner

Novemberreif –
das leise Knirschen des Grases
unter den Füßen.
   Reinhard Dellbrügge

aus und vorbei
es fällt ein Vorhang
aus Regen
   Frank Dietrich

erster Schnee
das lange Warten
auf Schulschluss
Hildegard Dohrendorf

kufenzerkratzt
scheint der wintermond
auf das eis
Hans Egerer

Frühlingsgefühle
wie der Raps
schon verblüht
Wolfgang Gründer

Sommernacht
auf der Milchstraße
im Stau
Taiki Haijin

blaue Hyazinthen
im Traum noch
ihr Duft
Gabriele Hartmann

Welke Kränze
ein neues Licht
im Nebel
Petra Hodiamont

warum …
knete und knete –
noch ist der Teig kühl
Angelika Holweger

Winterstarre
aus Nachbars Kamin steigen
Rauchzeichen
Susanne Effert-Hartmann

Vor einer weißen Wand
weiße Blüten.
Meine Heimatlosigkeit.
Volker Friebel

Badegäste
am Sandstrand
Rillenmuster
Wolfgang Gründer

Siegerlächeln –
seine Zinnsoldaten
marschieren in den Müll
Taiki Haijin

spielende Schatten
eine Tür
öffnet sich
Gabriele Hartmann

nach dem Großputz
im Waschbecken
ein Spinnenbein
Angelika Holweger

Wintermond
Die Einladung zum Tee
unbeantwortet
Deborah Karl-Brandt

Nachbarwohnung
Ihr erstes Weihnachten
vor dem Fernseher

Deborah Karl-Brandt

ein Ast knackt
in die große Stille –
Winterwald

Gérard Krebs

Mettenschicht …
der Wind trägt den Geruch von Kohlenfeuer

Ramona Linke

nach dem wortgefecht
die samtene stille des mondlichts

Ramona Linke

Familienfeier
nach den Küsschen pudert sie
ihre Wangen

Ruth Karoline Mieger

Familienfeier
im Stimmengewirr
fehlt eine

Eleonore Nickolay

der waldsee
ein wind löscht
das bild der bäume

René Possél

blutdruck messen
am küchentisch der brief
vom finanzamt

Sonja Raab

Spurensuche
herausgetreten bin ich
die Stiefel zu klein

Ute Kassebaum

Ende der Saison –
die Aushilfskellnerin
verscheucht die Fliegen

Eva Limbach

Museumsshop
Motivsocken van Gogh
zu groß

Ruth Karoline Mieger

Schneemond
es lichtet sich
ihr weißes Haar

Eleonore Nickolay

auf der spielstraße
überholt von einem schwarm
seifenblasen

René Possél

omabesuch
zwischen den atemzügen
die abstände

Sonja Raab

Die Raben krächzen –
noch tiefer ziehe ich den Kopf
in die Jacke ein
Dragan J. Ristić

Schneeflocken tanzen
beinah wie damals
dreh' die Platte noch mal um
Wolfgang Rödig

flaches Wasser
lauter Scherben auf dem Grund
des Spiegelbildes
Sebastian Salie

der Zug rast
am Fenster zieht Regen
Notenlinien
Evelin Schmidt

Lange Fahrt
unter meinem Liegestuhl
Ameisenstraßen
Tanja Sulzberger

Meeting
sie begutachten
ihre Sneakers
Friedrich Winzer

Lawinenwarnung
im Hotelzimmer
lange Verschüttetes
Wolfgang Rödig

Perseidennacht
am Feuer Pläne schmieden
für den Umbau
Sebastian Salie

Abbruchhaus
vor dem Bauzaun
Stolpersteine
Evelin Schmidt

frostige Frühe –
aus den Wurzeln der Eiche
steigt das Morgenrot
Angelica Seithe

ein Traum
zaghaft berührt
vom Morgen
Friedrich Winzer

die erste Hummel
und gleich im Einklang
mit ihrem Schatten
Klaus-Dieter Wirth

Tanka-Auswahl der HTA

Ein Tanka, das mich besonders anspricht

wie es mich anstarrt
im Spiegel
das Gesicht meines Vaters
mit den traurigen Augen
meiner Mutter

Frank Dietrich

Allein beim erstmaligen Lesen spricht mich das Tanka auf der Gefühlsebene mit eher negativen Gefühlen an.

Zunächst einmal ist da das lyrische Ich, entweder ein Sohn oder eine Tochter, welches dem Vater wie aus dem Gesicht geschnitten ist, bis auf die Augen, die sind von der Mutter, und sie sind traurig. Wer genau hinsieht, kann aus Augen so einiges deuten. Sie werden auch als „Spiegel der Seele" bezeichnet. Aus unseren Augen strahlt unser innerster Wesenskern unverfälscht und echt.

In diesem Tanka starren die Augen auf ein Gesicht im Spiegel. Der Spiegel gilt als zweideutiges Symbol. Einerseits gilt er als Zeichen der Eitelkeit und Wollust, andererseits symbolisiert er Selbsterkenntnis, Klugheit und Wahrheit. In den ersten drei Zeilen ist es, je nach Lesart, das Gesicht des lyrischen Ichs oder jenes des Vaters. Starren kann durch Neugier, oder wenn einen etwas fasziniert, erfolgen. Für ein Gegenüber, das man anstarrt, kann das sehr unangenehm sein, je nachdem, wie unsicher oder selbstsicher die Person ist. Der starre intensive Blick wird aber auch als Zeichen von Charisma und Stärke gewertet.

„wie es mich anstarrt / im Spiegel / das Gesicht meines Vaters" – das lyrische Ich wird angestarrt und bemerkt das im Spiegel. Nimmt man nur diese drei Zeilen des Tankas, so ist es der Vater, der starrt. Warum ist hier nicht ersichtlich. Aber in mir keimt der Gedanke, dass das lyrische Ich eine Tochter ist. Und in Verbindung mit den traurigen Augen wird die ganze Szene unangenehm, vielleicht häusliche Gewalt? Wir erfahren ja in den beiden letzten Zeilen „mit den traurigen Augen / meiner Mutter", dass auch die Augen der Mutter traurig sind.

Nach der dritten Zeile erfährt das Tanka eine Wendung. Auf einmal sehen wir im Spiegel nicht mehr das Gesicht des Vaters, sondern das des lyrischen Ichs. Dennoch ist der Vater durch die Ähnlichkeit präsent, aber auch die Mutter mit den traurigen Augen, die das lyrische Ich geerbt hat oder, was wahrscheinlicher ist, die traurigen Augen bei beiden sind durch schlechte Erfahrungen entstanden. Traurige Menschen haben schärfere Sinne, sie beobachten ihre Umwelt genauer. Das könnte ein Grund für das Starren sein. Das Gesicht wird genau erforscht, was ist von der Mutter, was vom Vater. Oder das lyrische Ich ist auf der Suche nach der Wahrheit. Vielleicht wurden die Gegebenheiten zuvor verleugnet.

Insgesamt ein berührendes Tanka mit vielen Informationen, aber auch mit vielen offenen Fragen, die der Fantasie des Lesers überlassen bleiben.

Ausgesucht und kommentiert von Silvia Kempen

Die Auswahl

Haus am Bahndamm –
eine zerrissene Gardine
weht aus dem Fenster.
Ich steige über die Gleise
der Zeit hinterher
  Gerd Börner

wie es mich anstarrt
im Spiegel
das Gesicht meines Vaters
mit den traurigen Augen
meiner Mutter
  Frank Dietrich

Kaum zu glauben, wie
schnell sie sich eingelebt hat,
die fette Lüge
geballt zur harten Faust in
der Tasche der anderen
  Beate Conrad

er spricht
– sein Ohr an meiner Brust –
von Zwischentönen
die nun – nach all den Jahren –
doch ihn stören
  Gabriele Hartmann

Mutters Gebäck ...
wie mürbe es doch wurde
in der Blechdose
derweil ihr Tadel behält
seinen Biss

Gabriele Hartmann

Glocken läuten
für den Whiskey
drücke ich
sie aus
die Zitronenhälfte

Jonathan Perry

wie friedlich er schaut
der nussknacker
auf dem bücherregal –
um die weihnachtszeit
beißt er gnadenlos zu

Theo Schmich

Sonderbeitrag von René Possél

René Possél hat aus allen anonymisierten Einsendungen ein Haiku ausgesucht, das ihn besonders anspricht.

Neujahr
die guten Vorsätze
aus dem alten

Eleonore Nickolay

Neujahr und gute Vorsätze gehören offenbar für viele zusammen. Ein neues Jahr bedeutet für sie, einen Neuanfang mit dem eigenen Verhalten zu wagen, einen Vorsatz zu fassen; oft in Sachen Gewicht oder Gewohnheiten, Projekte oder Personen – wie auch immer.

Bis zum Ende der zweiten Zeile evoziert das Haiku hier ein gewohntes Verhalten. Die dritte Zeile des Haiku bringt die überraschende Volte: Hatten wir nicht am Anfang des **alten** Jahres auch gute Vorsätze gefasst? Was ist daraus geworden? Haben wir sie umgesetzt in die Tat? Hat sich etwas geändert in unserem Verhalten oder Leben?

Das sind unangenehm nüchterne Fragen und eigentlich geeignet, die „vorsätzlich Guten" in ihrem Willen an Neujahr zu entmutigen. Immerhin lässt der Verweis auf die Vorsätze des alten Jahres offen, ob die Erinnerung bei manchen ein positives Ergebnis zeigt …

Mitgliederseite

Jedes Mitglied der DHG hat die Möglichkeit, eine Einsendung zu benennen, die bei Nichtberücksichtigung durch die Jury der Haiku- und Tanka-Auswahl auf dieser Mitgliederseite veröffentlicht werden soll.

Osterspaziergang
die Eier vergessen
für die Mäuse – ein Fest
Ellen Althaus-Rojas

zu kurz die beine
für frauchens schnellen schritt
der hund fällt in galopp
Sylvia Bacher

Kratzer am Auto –
ein Schmetterling nimmt ihn
unter die Fühler
Valeria Barouch

Schneeglöckchenwiese,
Eiskristalle auf dem Teich –
Herz am Scheideweg.
Thomas Berger

Dezember.
Mäuse kommen ins Haus.
Ohne Asylantrag.
Werner Buschmann

sie hebt im Regen
ein so purpurrotes Blatt
Herbst in warmer Hand
Verona Costache

klare Frostnacht
ein Waschbär
huscht zu den Mülltonnen
Hildegard Dohrendorf

Regenwetter
Der Spitz tropft überall
Schlabbermassel
Peter-Michael Fritsch

Rudis Blick
verliert sich
in Unendlichkeit

Karola Groch

innere Stimmen
der Birnbaum singt
sein Abendlied

Gabriele Hartmann

Lichterkettenreh
an der Landstraße
lautes Hupen

Petra Hodiamont

seine hände
halten das brot –
volles leben

itazura

am teichrand
reste vom neujahrsfeuerwerk
eine amsel badet

Renate Küppers

Nah de Waters ruuscht
landünner – op de Hallig –
düüster schient de Nacht.

Nah – die Wasser rauschen
landunter auf der Hallig –
dunkel scheint die Nacht.

Erich Meyer

der Wanderer sieht
ins Licht
mündet der Steg

Claus Hansson

caruso verführt
den wirt den selbstgebrannten
aufzutischen

Bernhard Haupeltshofer

Chinesenscharen
knipsen den alten Kirschbaum.
Der Mond, blass, sieht zu.

Saskia Ishikawa-Franke

Junges Paar in der S-Bahn
auf seiner Sitzbank
verheulte Taschentücher

Petra Klingl

Der alte Mann mit
weißem Kopf wie Löwenzahn –
Frühling war einmal

Reinhard Lehmitz

Fuchs mit vier Beinen
an der Stola der Betenden:
Sensoji-Tempel

Masami Ono-Feller

Kraft, zu Stein geworden,
umspült vom tosenden Meer.
Salz gibt's zum Geschenk.

Jürgen Morgenstern-Feise

über dem Weihnachtsmarkt
Engelflügel
streifen meine Schultern
  Rita Rosen

weihnachtsmarkt –
glühwein befeuert
den glauben ans christkind
  Theo Schmich

Dralles Lächeln
fast voll der Mond, musengleich
Bald kommt Finsternis
  Renate Straetling

wolken formen
Schwanenflügel ziehen
weiter vergehen
  Tanja Sulzberger

Liebesäpfel
glänzen am Weihnachtsbaum
im Licht der Welt
  Angela Hilde Timm

Frühlingssonne
mit leichtem Lächeln
fährt das Kind auf dem Dreirad
  Ingrid Töbermann

Der schöne Jüngling –
der Liebling des Apollo –
Hyazinth genannt.
Ob er mit dem Blumenduft
seinen Gott hat wohl betört?
  Christa Wächtler

Venus am Himmel
und Sterne, Sterne, Sterne
Silvesterabend
  Peter Rudolf

Wanderwolken zieh'n
vom Fenster sehe ich zu
lasst mich nicht allein
  Hildegund Sell

Hagebutten
überlisten den Winter
schamlos rot
  Sulamith Sommerfeld

Das Mädchen mit den
weißen Ohrschlangen trägt ein
Viereck und ein Lächeln.
  Reinhart Thamm

Gerümpfte Nasen –
eiternde Frostbeulen
zwischen Weihnachtseinkäufen
  Martin Thomas

die Zaubernuss blüht –
unter einer Schneedecke
Solarpaneele
  Klaus-Dieter Wirth

Und ein Haiku, das auf der Mitgliederseite von SOMMERGRAS 127 versehentlich nicht abgedruckt wurde:

stiller Tanz
ein dürres Blatt
am Spinnfaden
Angelika Holweger

Bei allen Beiträgen (inklusive Haiga) bitte keine Simultaneinsendungen.
Die Auswahl der folgenden Texte ebenso wie alle in dieser Ausgabe abgedruckten Haiga erfolgte durch Horst-Oliver Buchholz, Ramona Linke, Eleonore Nickolay, Claudia Brefeld und Thomas Opfermann.
Bei eigenen Einreichungen enthalten sich die Redaktionsmitglieder ihrer Stimme, Diskussion und Wertung.
Gerne verstärken wir unsere Jury in jeder Ausgabe um eine wechselnde Gaststimme. Wir laden alle DHG-Mitglieder ein, sich hierzu bei der Redaktion unter redaktion@deutschehaikugesellschaft.de zu melden!

frohes Ereignis
sanft gleitet ihre Hand
in den Brutkasten

Eleonore Nickolay

Haiga: Eleonore Nickolay

Haibun

Helga Stania
(Korrekturabdruck wegen fehlerhafter Darstellung in SG 127)

alpsommer

zum schlafen sich an eine blüte zu heften   tagträume

im talschluss tief unter den felsensäulen gilt ein anderes maß für zeit & das schweigen fällt leicht in der kleinen kapelle, ihrer dämmerlichtigen kühle …

Angelika Holweger
(Korrekturabdruck wegen fehlerhafter Darstellung in SG 127)

Antikmarkt

Da blicken sie ganz unschuldig vom Regal herunter, der Kasperl, der Sepperl, Räuber Hotzeplotz, die Großmutter und viele andere Handpuppen. Drehe kurz die Zeit zurück, als ich hinterm behängten Bügelbrett im Türrahmen erdachte Geschichten improvisierte. Im Schein der alten Nachttischlampe dann die strahlenden Gesichter der eigenen Kinder und ihrer Freunde.

alte Schnulzen …
habe das Tanzen verlernt

Angelika Holweger

viel- leicht

heißt die neue Ausstellung im Altbau. In der Galerie bemalte Holzskulptu-
ren, Könige, Prinzessinnen, Geschwister und manches mehr. Kleine und
große Bilder, alles märchenhaft und fast kindlich anmutend. Viele Besucher.
So viele lächelnde Menschen. Nur das Gesicht der Künstlerin zeigt keinerlei
Regung.

„Beste Freunde"
großformatig
er bietet mir das Du an

Haiga: Gabriele Hartmann

Tan-Renga

Gabriele Hartmann und
Brigitte ten Brink

Morgendämmerung
ein Vogelschrei streift den Rand
meines Traumes

lange Fransen – im Grau
der Weide tanzt der Wind

BtB / GH

Gabriele Hartmann und
Brigitte ten Brink

goldener Schnitt
was ich dir schon immer
sagen wollte …

ihr Blick verliert sich
in einem Strauß Sonnenblumen

GH / BtB

Gabriele Hartmann und
Christof Blumentrath

letzter Walzer
wir umkreisen
uns

auf der Zunge
ein bitterer Geschmack

CB / GH

Gabriele Hartmann und
Christof Blumentrath

Schneewolken
Weißnäherinnen säumen
den 10-Stunden-Tag

wie klein die Welt
durch Omas Brille

GH / CB

52

Gabriele Hartmann und
Silvia Kempen

Mutter am Arm
von Eiszapfen gestützt
der morsche Steg

will gar nicht enden heut'
der Strom ihrer Worte

SK / GH

Haiga: Christof Blumentrath

53

Rengay

Sylvia Bacher, Claudia Brefeld und Brigitte ten Brink

bärlauchduft
Frühling

concerto grosso
ein specht trommelt
ins gezwitscher

fuchswelpen haschen
nach dem ersten schmetterling

unter der sitzbank
ein ameisenhaufen
weiter zur nächsten

wohliges kribbeln durchzieht
den körper – freie tage

zurück zur kate
bärlauchduft
im kräuterkorb

abendwind – das rauschen
der tannenwipfel

BtB: 1, 4 / CB: 2, 5 / SB: 3, 6

Briefe an die Redaktion

Die SOMMERGRAS-Redaktion freut sich immer über Zuschriften, jedoch ist das Einreichen eines Briefes an die Redaktion keine Garantie für den Abdruck. Der Umfang sollte ein bis zwei SOMMERGRAS-Seiten (A5) nicht überschreiten. Die Redaktion behält sich Kürzungen/den Abdruck von Auszügen vor.

Reaktionen zur Gender-Diskussion:

Von Traude Veran:

Liebe Freundinnen und Freunde,
da Rita Rosen das Gender-Problem noch einmal aufgreift (SOMMER-GRAS 127, S. 78f.), muss ich Euch doch meinen schon beim letzten Heft entstandenen Gedanken mitteilen:

Großmama bin ich
und generisch ein Mann
als Haiku-Dichter

Liebe Grüße aus Wien
Traude Veran

Von Klaus-Dieter Wirth:

Zu Epiphanias sandte auch mir die französische Verlegerin isabel Asúnsolo, eine gebürtige Spanierin, ihre guten Wünsche zum neuen Jahr zu, denen sie ein ganz besonderes Begleitwort an alle Freunde ihres Hauses hinzufügte. Es hat mich in seiner Souveränität mehr als angenehm überrascht. Ein wahrhaft beeindruckender Unterschied, verglichen mit der Sichtweise und

55

Argumentation, wie sie in den beiden Leserbriefen in den SOMMERGRAS-Ausgaben Nr. 126, S. 72 f. und Nr. 127, S. 78 f. zum Frontthema gemacht wurden! Übrigens isabel schreibt ihren Vornamen sogar bewusst klein! Geradezu wohltuend und erfrischend sind diese Zeilen zu lesen, ohne ästhetische Stolpersteine, die regelmäßig den Gedankenfluss stören, nein, ein neugierig machender, eher poetischer Sprachduktus, der dazu bezeugt, wie wahrer Haiku-Geist unseren Blick weitet und auf das wirklich Sinnvolle lenkt.

Mein Dank gilt der Autorin, die mir bereitwillig die Erlaubnis zur Übersetzung und Veröffentlichung ihrer Botschaft in unserem SOMMERGRAS gegeben hat:

„Mein Wort … als Herausgeberin
Weder Frau noch Autorin …

Es tut mir leid, „meine Schwestern«, aber ich fühle mich nicht als Frau ‚in meinem Inneren'.

In meinem Inneren, seitdem ich existiere, höre ich eine tiefe Stimme.

Eine kräftige und ruhige Stimme, die ich lange für die eines Mannes gehalten habe.

(War ich ein Mann? Hatte ich einen Mann in meinem Inneren?)

Ich fühle mich nicht als Frau, ich fühle mich nicht als Mann.

Ich fühle mich als Meise, Wiesel, Qualle. Vielleicht sogar als Dichterin!

Ich glaube zu leben, ja lebendig bin ich schon, und manchmal schreibe ich.

Manchmal spreche ich, werde heiser, ein andermal fahre ich mal hierhin, mal dorthin, versteife mich, wende der Welt den Rücken zu, halte an …

Dann wieder rumpele ich so vor mich hin, auf dem Weg, Leben genannt.

Mein Körper als Frau genügt nicht, um aus mir, glaube ich, ein besonderes Wesen zu machen.

Auch nicht, wenn ich zusätzlich einige Augen hätte, wie die auf Schmetterlingen oder einen Flügel weniger.

Ich bin ein lebendes Wesen, genannt ich!

Und ich kenne nur DICH, Nachbar, Nachbarin,
Und dich, Rotkehlchen am Fenster meiner Küche …
Und dich, Weide, aufgehende Sonne, Solitär und Mond.

Ich sehe nur einen Schritt: deinen Schritt, im Sand …
Mann und Frau, ich folge dir!

Und ich wünsche DIR ein SCHÖNES NEUES JAHR,
ein FELIZ AÑO.
Wer was wo DU auch sein magst …

Violine des neuen Jahres
Indem ich dich an mich drücke, drücke ich
die ganze Welt

isabel Asúnsolo, Editions L'iroli, den 6. Januar 2020

Briefwechsel zum Haiku „Ja":

Von Gerhard A. Spiller:

Liebes Redaktionsteam!
In SOMMERGRAS Nr. 127 wird hinsichtlich des Wettbewerbs für die Haiku-Agenda 2020 auf einen Text hingewiesen, der lediglich das Wort ‚Ja' umfasst. Der Berichterstatter Peter Rudolf bezeichnet es als das „kürzeste Haiku". Seine Einstufung des Textes als Haiku begründet er damit, dass sich durch die Kürze des Textes „die halbe Welt zur Interpretation" anbiete (S. 52f.).

Nun wird ein Haiku üblicherweise durch zwei Merkmale bezüglich der Form definiert, nämlich drei Zeilen mit siebzehn Silben im 5-7-5-Rhythmus. Bezüglich der Silben hat man das feste Maß allerdings zwischenzeitlich aufgegeben und in das Belieben des jeweiligen Verfassers gestellt. Petra

Klingl hat wohl vor diesem Hintergrund im Rahmen eines Interviews erklärt, dass es typisch für ein Haiku in Deutschland sei, dass der Inhalt auf drei Zeilen und zehn bis siebzehn Silben aufgeteilt werde. (SOMMERGRAS Nr. 127, S. 101) Da die Aufteilung auf drei Zeilen bislang nicht infrage gestellt worden ist, sind zweizeilige Texte demnach gemäß der vorherrschenden Definition keine Haiku. Trotzdem werden sie wiederholt als solche anerkannt. Deshalb wurde bereits die Frage aufgeworfen, ob die deutschen Haiku nicht doch eine eigenständige Gattung seien. (Vgl. Leserbrief von M. Ono-Feller in SOMMERGRAS Nr. 122, S. 24–29, hier insbesondere S. 26f.)

Nun also sogar ein angebliches Haiku mit nur einem Wort, wobei der Verfasser auf Nachfrage „keine weiteren Angaben preisgab". (S. 53) Gemäß der von Petra Klingl genannten Definition wäre dieser Text jedoch kein Haiku, allen Erklärungsversuchen des Berichterstatters zum Trotz. Eigentlich lässt er sich keiner literarischen Gattung zuordnen, nicht einmal dem Aphorismus. Damit stellt sich die Frage nach dem Zweck der Einreichung eines solchen Textes zu einem Haiku-Wettbewerb. Handelt es sich um den Versuch, die wenigen noch bestehenden formalen Festlegungen weiter aufzuweichen, oder steckt etwas anderes dahinter? Mich erinnert dieser Text jedenfalls auffallend an Hape Kerkelings legendäres ‚Hurz!', mit dem er sich für die Sendung ‚Versteckte Kamera' einen Scherz mit dem Publikum erlauben wollte. Tatsächlich wurde der Blödsinn jedoch von vielen Zuhörern ernst genommen, und es entwickelten sich pseudo-intellektuelle Diskussionen, über die man noch heute lacht. Mir scheint, dass sich der Verfasser dieses angeblichen Haiku einen ähnlichen Scherz erlaubt hat. Dazu würde passen, dass er keinerlei weitere Angaben zu seiner Intention gemacht hat – wie auch Hape Kerkeling zu Beginn seines Auftritts dem Publikum die Hintergründe seines ‚Hurz!' nicht erläutert hat. Vielleicht ist es an der Zeit, sich wieder auf verbindliche Vorgaben zu besinnen, anstatt alles der Beliebigkeit preiszugeben.

Gerhard A. Spiller

Antwort von Peter Rudolf:

Gedanken zum Brief von Gerhard A. Spiller, betreffend meine Berichterstattung im SG 127.

Zum „Einwort-Haiku" möchte ich nichts sagen. Es war und ist nach wie vor nicht meine Absicht, ein solches zu propagieren. Vielleicht hätte ich vorteilhafterweise von einem „aus meiner Sicht bemerkenswerten Kuriosum" schreiben können. Insofern danke ich Gerhard A. Spiller, dass er mein diesbezügliches Versäumnis nicht durchgehen lässt.

Peter Rudolf

Antwort der Autorin Christiane Friederike Freimann:

Ja.

Ein Nachtrag zur „merkwürdigen Besonderheit" (Rudolf, SG 127), die Herrn Peter Rudolf und mir im 9. Haiku-Wettbewerb entgegen trat:

Eine Freude, die geheime Autorin des wohl kürzesten Haiku zu sein, welches in SOMMERGRAS 127 besprochen wurde: Ja.

Ein vom Haiku-Blitz* getroffenes Ja.

Ein Sag's-nicht-Haiku*: Ja.

Ein Haiku-Geschenk*: Ja.

Dieses Geschenk enthält, je nach vorangegangenen Gedanken, Lektüren, Situationen (z. B. ein Heiratsantrag) immer wieder eine andere Aussage.

Ja. Von ganzem Herzen, nicht verhandelbar.

Einfach. Positiv. Offen. Treffend. Kurz, kürzer: Ja.

Ein annehmendes Ja.

Ja, und der Artikel von Hans-Peter Kraus „Haiku schreiben" ist mir immer wieder ein Leitfaden.

*www.haiku-heute.de/archiv/haiku-schreiben/, nochmals aufgerufen an Silvester 2019.

Christiane Friederike Freimann

Briefwechsel zu

nächtliche Schatten
die alte Spieluhr beginnt
wieder von vorn

    Gabriele Hartmann

Von Reinhart Thamm:

Sehr geehrte Redaktion,
in der Ausgabe 126, September 2019, Seite 6 und 7, berichten Sie vom
Ergebnis der Dichtung von Haiku zu einem Sumi-e. Da ich die Auswahl des
Haiku von Gabriele Hartmann zu diesem Sumi-e als gelungenstes Beispiel
auch nach langem Überlegen in keiner Weise nachvollziehen kann, würde
mich wirklich interessieren, warum Sie ausgerechnet „dieses" Haiku ausge-
wählt haben. Ich bin sehr interessiert an Ihrer Begründung, um wenigstens
zu verstehen, was und warum ich nicht verstehe. Über Ihre Begründung
würde ich mich sehr freuen und danke im Voraus für Ihre Bemühungen.

    Reinhart Thamm

Antwort von Horst-Oliver Buchholz:

Lieber Reinhart Thamm,
haben Sie vielen Dank für Ihren Brief an die Redaktion. Ihren Worten
entnehme ich, dass Sie das Heft aufmerksam lesen und sich Ihre Gedanken
dazu machen. Das freut uns, danke!
    Zu Ihrem Anliegen: Es ist in der Natur der Haiku-Dichtung angelegt,
dass sie beim Leser ganz unterschiedliche Assoziationen, Gedanken oder
Gefühle auslösen kann, und es ist bei aller Diskussion um den Haiku-
Begriff unstrittig, dass gerade das Offene eines Haiku, das Auslassen, das
Nichtgesagte, zu seinen Wesensmerkmalen gehört. So kommt es notwendi-

gerweise auch immer wieder vor, dass dem Leser Haiku begegnen, die ihm nicht viel sagen, die „schweigend" bleiben. Was nicht unbedingt heißen muss, dass es sich um ein schlechtes Haiku handelt. Im Gegenteil. Auch „Sieger"-Haiku aus Wettbewerben haben schon manchmal Unverständnis ausgelöst. So ist das, kann es zumindest sein, und so war es wohl auch bei Ihrer Lektüre des Haiku von Gabriele Hartmann zum sumi-e.

Die Haiku, die nicht in die Auswahl dieser Rubrik kommen, haben oft Schwächen, die offensichtlich sind und jenseits subjektiver Empfindung. Um nur ein Beispiel zu nennen: Viele Haiku sind sehr nah am Bild, zu nah, sind letztlich eine reine Bildbeschreibung, ohne das Motiv aufzunehmen und weiterzuführen – oder ein zweites an seine Seite zu stellen, was auch möglich ist.

Zugegeben, das Haiku von Gabriele Hartmann ist recht weit weg vom Bild. Das darf es aber. Der Bezug zum Bild wird in der ersten Zeile herge-stellt: „nächtliche Schatten" (denn fast alle – auch ich – sahen das Bild als eine Nacht-Szene). Nach dieser Verbindung wird ein neues Bild eingeführt, die Spieluhr. Vers eins also, „nächtliche Schatten", ist wie das Scharnier einer Tür, die einen neuen Raum öffnet. Das ist schon gut gemacht!
Mir persönlich haben dann die Zeilen zwei und drei gefallen. Eine alte Spieluhr, vielleicht schon ramponiert, aber sie spielt noch, wie aus Trotz gegen das Altern oder als ob sie dieses gleichmütig hinnehmen würde.

Sie spielt „wieder von vorn", ein Neubeginn also, der auch im Altern möglich ist. Das und vieles mehr ist im zweiten Bild, das die Dichterin einführt, das sich vom sumi-e gelöst hat, aber nicht haltlos ist. Denn die Verbindung wird gehalten durch Vers eins.

Sicher ließen sich noch weitere Überlegungen hinzufügen, ich hoffe aber, schon mit diesen ersten konnte ich Ihnen ein wenig dienen.

Herzliche Grüße
Horst-Oliver Buchholz
(Redaktion)

Antwort von Reinhart Thamm:

Lieber Horst-Oliver Buchholz,
herzlichen Dank für Ihre Antwort auf meinen Brief. Ich habe mich sehr
gefreut, dass überhaupt geantwortet wurde und dass Sie sich bemüht haben,
sich verständlich zu machen. Das ist nicht selbstverständlich.
Für mich selbst freue ich mich, mich an Sie gewandt zu haben, denn ihre
Erläuterungen haben mir wirklich einen Zugang ermöglicht. Ich verstehe
jetzt ganz gut, wie und warum Sie zu der vorliegenden Wertung gelangt
sind. Und genau das war mir wichtig: zu verstehen!

Mit freundlichen Grüßen
Reinhart Thamm

Haiga: Beate Conrad

Rezensionen/Besprechungen

Rüdiger Jung

Eine Hand voll Glück

Eine Hand voll Glück. Hrsg: Ingo Cesaro. Projektidee: Ingo Cesaro.
Lektorat: Jana Jill Bocklet. Bleisatz im Handsatz. Druck: Alfred Gorke. Schrift: 10p
Univers, 12p Univers. Gedruckt auf Werkdruckpapier: 100g/qm mit 1,75fachem Volumen.
Bindearbeiten im Japanblock. Vertrieb: Gisela Gülpen. 400 Exemplare, nummeriert und
signiert. 68 Seiten. Kronach: NEUE CRANACH PRESSE, August bis Oktober 2029.

Vor mir die neue Anthologie Ingo Cesaros – mit 348 Kurzgedichten nach
dem Vorbild der japanischen Haiku und Senryu. Raum für Neuentdeckun-
gen, aber auch zur lesenden Wiederbegegnung mit guten alten Bekannten:
Karina Lotz, Burgi Jaenecke, Carla Bayer-Cornelius, Gisela Gülpen, Horst
Ludwig, Minna Maria Rembe, Yuko Murato, Thomas Berger, Mara Rei,
Rainer Hesse, Saskia Ishikawa-Franke – um nur diese zu nennen.

Einmal mehr die Einladung, sich mit dem wahrhaft unerschöpflichen
Thema „Glück" auseinanderzusetzen. Und einmal mehr sind es besonders
die sinnlich-konkreten Texte, die am meisten überzeugen.

Das Thema ist reizvoll, weil es vielschichtig ist und voller Ambivalenzen
steckt. Selbst eine der landläufig prominentesten Vorstellungen vom Glück,
der ultimative Lottogewinn, ist spannungsvoll:

Millionengewinn
Was für ein Glück, dass ich die
Sorgen nicht habe
    Hans-Jürgen Göhrung, Überlingen (S. 60)

Ein ebenso verblüffender wie einleuchtender Blickwinkel: das Thema Glück
rein materiell zu fassen, erweist sich eher abwegig:

Mein Haus, mein Auto,
mein Pferd, meine Segeljacht
mein ganzes Unglück.
    Norbert Autenrieth, Cadolzburg (S. 38)

Aber ist es überhaupt zu fassen – das Glück? Zwingen jedenfalls lässt es sich ganz offensichtlich nicht:

> Rund um den Spieltisch
> gespanntes Warten aufs Glück
> das liegt anderswo
>
>> Vera Simlinger, Wien, Austria (S. 60)

Und fangen wohl auch nicht:

> Ein Licht im Dunkel
> Wilder Bub will es fassen
> Glühwürmchen entwischt
>
>> Zsuzsanna Darabos, Deggendorf (S. 26)

Unverfügbarkeit scheint die Grundeigenschaft des Glücks zu sein. Der da hofft und harrt, könnte auch von Laune und Willkür sprechen:

> Fortuna verteilt
> ihre Lose nach Willkür
> meistens nur Nieten
>
>> Horst Leopold Konopatzky, Berlin (S. 59)

Fortuna ist in der Tat eine lateinische Vokabel, die es in sich hat: Sie kann „Glück" bedeuten, aber auch „Schicksal" oder gar „Unglück". Wie heißt es so schön? Der Zusammenhang entscheidet! Umso beglückender zu erfahren, dass sich das vermeintliche Unglück „Regen" ganz rasch ins Gegenteil verwandeln kann:

> Er spannt den Schirm auf.
> Zieht sie behutsam heran.
> Welch Glück es regnet.
>
>> Carla Bayer-Cornelius, Wetter-Amönau (S. 20)

Entscheidend bleibt also die Perspektive. Was freilich auch den unstrittigsten Glückssymbolen jede Eindeutigkeit zu nehmen vermag:

Marienkäfer!
Gefeiert als Glücksbringer.
Nicht für Blattläuse.

Norbert Autenrieth, Cadolzburg (S. 3)

Es gilt also auch im Blick auf das Glück das alte Sprichwort: „Wat den eenen sin Uhl (Eule), is den annern sin Nachtigall."

Der Angler fängt nichts.
Die Fische aber haben
noch mal Glück gehabt.

Friedrich Ach, Nürnberg (S. 29)

Große Preisfrage: Wie gehe ich um mit einem Glück, das so launisch ist, so unberechenbar bleibt? Zwingen lässt es sich nicht. Offen sein kann und darf, ja, soll ich dafür – durchaus gepaart mit einem gesunden Schuss Skepsis:

Lauf nicht hinterher
setz dich hin und warte ab –
das Glück kommt vorbei

Dieter Klawan, Ahrensburg (S. 5)

Das Glück kommt und geht – und auch letzteres durchaus ziemlich schnell und unvermittelt („vorbei"!).

Der antiken Philosophie der Stoiker, nicht minder der Epikureer, eignete im Besonderen der Versuch, sich vor Enttäuschungen zu wappnen. Nicht abhängig zu sein, von dem, was reine Willkür ist. Das scheint auch heute praktikabel, hilfreich und empfehlenswert:

Glück ist das Wissen
nicht notwendigerweise
Das Glück zu brauchen!

Kurt Vlasak, Kitzingen (S. 46)

Brigitte ten Brink

vollendet und Heilige Quelle

vollendet. 6 Tan-Renga. Volker Friebel und Gabriele Hartmann. Origami-Faltbuch. bon-say-verlag.

Heilige Quelle. 6 Tan-Renga. Volker Friebel und Gabriele Hartmann. Origami-Faltbuch. bon-say-verlag. Beide zu beziehen unter: info@bon-say.de

Ein Origami-Faltbuch besteht aus einer DIN-A4-Seite, die nach dem Bedrucken so gefaltet wird, dass ein sechs- bzw. achtseitiges (wenn die Titelseite und die Rückseite mitgezählt werden) Büchlein mit einer Höhe von 10,5 cm und einer Breite von 7,5 cm entsteht. Ein minimalistisches Format also, passend zu den sprachlich und formal minimalistischen Inhalten der Tan-Renga mit dem haiku-affinen ersten (dreizeiligen) Vers des einen und dem vom anderen Autor verfassten zweiten (zweizeiligen) Vers.

Gabriele Hartmann (GH) und Volker Friebel (VF) verstehen es hervorragend, die jeweils im ersten Vers vorgegebenen Inhalte des Partners fortzuführen und einen manchmal überraschenden, manchmal weiterführenden Gedanken im zweiten Vers hinzuzufügen. So wird der Inhalt des ersten Verses entweder direkt sprachlich durch das Aufnehmen eines Wortes aus dem ersten Vers, das nicht wiederholt wird, jedoch assoziativ in sein Umfeld gehört, oder auch rein atmosphärisch eine Stimmung aufgreifend, weitergesponnen, oder aber er erhält einen neuen Aspekt.

Ist das Tan-Renga gelungen, entfaltet sich im Kopf des Lesers beim Lesen eine Geschichte.

im Stadtkanal
ein Schwarm Blätter nimmt Kurs
auf die Bibliothek

an manches Wort von ihm
denke ich noch immer

VF / GH

Bemerkenswert ist hier die Doppeldeutigkeit der „Blätter". Deren eine Sinnvariante wird zusammen mit der „Bibliothek" durch den Begriff „Wort" im zweiten Vers in meiner Lesart zu einer Geschichte von Abschied und Trennung, die auch in dem zweiten Tan-Renga aus dem Büchlein „vollendet", das hier zitiert werden soll, unterschwellig spürbar sind.

Tangoschritte
hinter der Jalousie
alte Augen

die Musik endet nicht
als er geht

GH / VF

Hat in dem Büchlein „vollendet" hauptsächlich die Melancholie eine Heimat gefunden, so kommen in „Heilige Quelle" noch Sehnsucht und Vergeblichkeit des Tuns und die Suche nach dem Sinn allen Geschehens hinzu.

kaue am Pinsel
der Versuch Stille zu malen
bleibt Schnee

das Radio scheppert
neue Zahlen vom Krieg

GH / VF

Nachtflug
das rhythmische Flackern
der Fernseher

navigiert durch die Zeit
Ikarus mit seinen Federn

VF / GH

Die Tan-Renga von Gabriele Hartmann und Volker Friebel sind Geschichten aus dem Leben, Geschichten über die Welt – und dies alles in fünf Zeilen.

Klaus-Dieter Wirth

Haiku – Gedichte aus fünf Jahrhunderten Japanisch/Deutsch

Haiku – Gedichte aus fünf Jahrhunderten Japanisch/Deutsch. Ausgewählt, übersetzt und kommentiert von Eduard Klopfenstein und Masami Ono-Feller. Reclam-Verlag, Stuttgart 2017. ISBN 978-3-150111-16-1.

Wer sich eingehender mit der Haiku-Dichtung beschäftigt hat, dürfte sich dankbar der Namen von Horst Hammitzsch, Geza S. Dombrady und in jüngerer Zeit besonders von Ekkehard May erinnern. Ihnen sind nun die von Eduard Klopfenstein und Masami Ono-Feller hinzuzufügen, die mit ihrer umfassenden Anthologie „von den Anfängen bis in die unmittelbare Gegenwart" in der Tat ein Standardwerk geschaffen haben, wie es das bislang noch nicht gab, demnach hoch notwendig war. Kurzum, es erfüllt dazu auch weitestgehend die Erwartungen, die man in ein solches Unternehmen setzen konnte.

Insgesamt werden 305 Haiku vorgestellt, beginnend mit den frühen Autoren Yamazaki Sōkan und Arakida Moritake aus dem 15./16. Jh., sodann mit den Schwerpunkten auf Matsuo Bashō, Yosa Buson und Kobayashj Issa – wobei seltsamerweise Masaoka Shiki mit nur zwei Beispielen allzu kurz bedacht wird – bis hin zu zeitgenössischen „Revoluzzern" wie Takayanagi Shigenobu oder Natsuishi Ban'ya. Auffällig ist in diesem Zusammenhang, dass sogar nicht weniger als 34 Autorinnen zu Wort kommen. Wer also bisher nur Chiyo-ni mit ihrem berühmten Trichterwinden-Haiku nennen konnte, hat jetzt hinreichend Material zur Verfügung, um seinen Horizont auch in diese Richtung zu erweitern.

Alle Texte werden einmal in ihrem japanischen Original, d. h. in Kanji- und Hiragana-Schriftzeichen dargeboten, sodann in Romaji, unserem lateinischen Alphabet, weiterhin mit der Kennzeichnung des jeweiligen Jahreszeitenworts (kigo), mit Angabe – falls bekannt – des Veröffentlichungsjahrs und – besonders aufschlussreich – mit einer detaillierten Kommentierung. Im Anhang folgen außerdem ausführliche biobibliografische Angaben zu den einzelnen Dichterinnen und Dichtern, ein kleines Haiku-Glossar – meines Erachtens allerdings zu beschränkt und auch etwas zu willkürlich in der Auswahl –, ein Muster-Kasen von Kobayashi Issa und seinem Schüler Nishihara Bunko, ein „Nachwort – mit einem kurzen Überblick über die Geschichte der Haiku-Dichtung", das sehr instruktiv und diesmal ausführlicher ist, als man es nach einer solchen Ankündigung erwartet, schließlich das obligatorische Literaturverzeichnis, eins von den Autorinnen und Autoren und selbst eins, in dem alle Haiku noch einmal nach ihren alphabetischen Anfängen in Romaji aufgelistet sind. Insgesamt also zweifelsohne ein äußerst löbliches und gelungenes Unterfangen!

Die generelle Krux bei Anthologien sind bekanntlich immer die Auswahlkriterien, hat doch jeder „Juror" seine gewissen Präferenzen. In diesem Fall dürfte jedoch an dem allgemeinen Konzept kaum etwas auszusetzen sein. Vermisst man etwa selbst bei den großen Namen den einen oder anderen Text, so wird man wiederum oft durch „Neuentdeckungen" entschädigt, die einem letztlich erst durch die Kommentare bewusst gemacht wurden. Gerade diese Erläuterungen lassen erkennen, wie geschickt man bei der Auswahl vorgegangen ist, denn die vorgelegten Beispiele tragen nicht nur zur literaturgeschichtlichen Exemplifizierung der Entwicklung des Genres „Haiku" in Japan bei, sondern ebenso zur landeskundlichen Vermittlung von traditionellen Gebräuchen und historischen Gegebenheiten. Dazu wird immer wieder auf stilistische Besonderheiten hingewiesen, die bezeugen, wie selbst inhaltlich eher belanglos erscheinende Beobachtungen durch den versierten Umgang mit der Sprache und tradiertem Vorwissen ihre künstlerische Bedeutung gewinnen.

Für die Auswahl der älteren Haiku bis etwa 1850 zeichnet Masami Ono-Feller verantwortlich, die der neueren gut 100 übernahmen Kaneko Tōta und Kuroda Momoko. Je geringer der zeitliche Abstand ist, desto schwieriger wird erfahrungsgemäß ein repräsentativer Überblick. Warum etwa fand Kōko Katō keine Erwähnung? Hat sie sich doch nicht nur als rege Haiku-Dichterin – nun schon im hohen Alter – einen Namen gemacht, sondern auch als langjährige Herausgeberin der Haiku-Zeitschrift *Kō*, dann auch als die der verdienstvollen, japanisch-englischen Anthologie zum modernen Haiku in Japan *A Hidden Pond* in Zusammenarbeit mit David Burleigh (1997) oder als Autorin der japanischen Sektion in der zeitgenössischen Welt-Haiku-Anthologie *A Vast Sky* von Bruce Ross (2015). Blieb sie deshalb unberücksichtigt, weil sie zu sehr als Vertreterin des traditionellen *teikei*-Haiku gilt? Aber wieso stellt sich Kaneko Tōta selbst so bieder dar (*Auf Wein verzichten?! Wie? / Was bleibt mir an Begierden / noch zum Spielen übrig?*), wenn er einem doch umso progressiver vor Augen steht (*Wenn die Pflaumenbäume blühen / füllt sich der Garten / mit blauen Haien[1]*)?

Die Übersetzungen scheinen mir aus der Sicht eines Nichtjapanologen durchweg gut gelungen. Nur zwei Kleinigkeiten fielen mir bezeichnenderweise am wohl berühmtesten Haiku, Bashōs Frosch-Haiku, auf (*Der alte Teich! / Ein Frosch springt rein / das Wasser gluckst*): Bei den zahlreichen Übersetzungen, die mir bekannt sind, ist mir noch nie das klangnachahmende Verb „glucksen" begegnet. Chapeau! Eine gute Idee, die insbesondere den Möglichkeiten der deutschen Sprache gerecht wird. Dafür stört mich sowohl die umgangssprachliche Kurzform „rein" anstelle von „hinein" als auch die dadurch sogar noch entstandene gleiche Anzahl von jeweils vier Silben, wo doch gerade die Asymmetrie ein charakteristisches Merkmal in der gesamten japanischen Kunst und Kultur darstellt. Im Übrigen sollte die Mittelzeile generell als die längere in Erscheinung treten.

Nun aber zur wichtigsten Erkenntnis und Lehre dieses Buches: Gerade die Fülle der Beispiele, die aufzeigen, unter welch besonderen Umständen man in Japan (ge)lebt (hat), welchen Traditionen man sich ständig bewusst ist, welch andere Gefühle und Stimmungen sich daraus ergeben, machen den einzigartigen Wert dieser Publikation aus. So erweisen sich die jeweiligen Kommentare zu den einzelnen Haiku nicht nur als erhellend, sondern als geradezu erforderlich, um nicht zu vordergründigen Trugschlüssen zu kommen, viele der Texte seien einfach nur banal und nichtssagend. Daraus ergibt sich als weiterer Schluss, dass es müßig ist zu glauben, dem Haiku in seiner ganzen Japanizität nacheifern zu können. Weder im Hinblick auf eine strenge Nachahmung der zugrunde liegenden 5-7-5-Morenstruktur – Silben sind noch weniger ein adäquater Ersatz –, noch auf das Jahreszeitenwort (*kigo*) in seiner ursprünglichen Wertigkeit mit viel größerem Bedeutungsumfang und erst recht nicht im Hinblick auf das Schneidewort (*kireji*) als strukturell-emotionale Wortkomponente lässt sich kaum mehr als eine Annäherung erreichen. Interessant festzustellen, dass sich andererseits alle inhaltlichen oder formalen Aspekte meiner sogenannten Grundbausteine des Haiku in den Beispielen dieser Anthologie wiederfinden lassen. Grundsätzlich gilt es nach wie vor, ganz im Geiste des Haiku die Welt immer wieder mit neuen Augen zu entdecken.

Eine Neuerscheinung, die sich jeder Haiku-Liebhaber zu Gemüte führen sollte, um sein Verständnis für diese besondere Gedichtform zu schärfen und ein gesundes Selbstvertrauen für seinen eigenen Weg zu finden.

[1]Eigene Übersetzung nach einer französischen Vorlage von Corinne Atlan und Zéno Bianu

Eleonore Nickolay

Winter – Haiku von Mayuzumi Madoka

Da die SOMMERGRAS-Redaktion ihre Leserschaft aufrief, ein Haiku zum Winter einzusenden, möchte ich die Gelegenheit wahrnehmen, einige Winter-Haiku einer japanischen Haiku-Dichterin vorzustellen, die im deutschsprachigen Raum mangels Übersetzung leider nicht bekannt ist. Mayuzumi Madoka, Jahrgang 1962, wurde bereits 1994 mit dem renommierten Literaturpreis des Verlages Kadokawa Shoten ausgezeichnet. 2010 war sie als Botschafterin der japanischen Kultur in Frankreich und lehrte das Haiku in der *Maison de la culture du Japon* in Paris.

Ihre Bekanntheit in der frankofonen Haiku-Welt hat sie der Veröffentlichung ihrer Haiku in der französischen Übersetzung von Corinne Atlan und Zéno Bianu zu verdanken. In *Haïkus du temps présent* (Editions Philippe Picquier 2012) hat Corinne Atlan 84 Haiku nach Jahreszeiten geordnet aus den Schaffensjahren der Dichterin von 1994 bis 2010 zusammengetragen.

71

Der Reiz der Dichtung liegt in der gelungenen Verknüpfung von Tradition und Moderne: Wie Mayuzumi Madoka auch in Paris betonte, ist für sie ein Haiku ohne *kigo* (Jahreszeitenwort) nicht denkbar. Gleichzeitig geben ihre Haiku aber Beobachtungen, Gedanken, Gefühle und Befindlichkeiten einer modernen, weltoffenen Japanerin wieder.

Doch bietet das Buch noch mehr. Madoka schildert uns die Entstehungsgeschichte jedes Haiku, eine übliche Vorgehensweise in Japan. Ihre Ausführungen werden mit Kommentaren ihrer Übersetzerin und ausgezeichneten Japan-Kennerin ergänzt. So lernen wir einerseits etwas über das Dichten von Haiku und erfahren andererseits Wissenswertes über Leben, Kultur und Literatur in Japan. Dazu ein Beispiel:

Rafales de neige –	Schneeböen –
le somnifère est bleu	die Schlaftablette ist blau
comme la mer	wie das Meer

In ihrem Begleittext zu diesem Haiku schildert Madoka, wie ein tobender Schneesturm ihr Gefühl verstärkte, im Zimmer eingeschlossen zu sein. Die Nacht erschien ihr noch länger und stiller als üblich. Die Schlaftablette, die sie schließlich nahm, um endlich Schlaf zu finden, hatte eine tiefblaue Farbe. In dem Maße wie sie wirkte, hatte Madoka das Gefühl, auf einen Meeresgrund zu sinken. Die abgrundtiefe Stille der Schneenacht vermischte sich in ihrem getrübten Bewusstsein mit den Tiefen des Meeres. Eingetaucht in ein warmes, angenehmes Meer wie in einen mütterlichen Uterus fiel sie in einen tiefen Schlaf.

Corinne Atlan ergänzt, dass der Schnee als Symbol der Reinheit und des Absoluten in der japanischen Literatur omnipräsent ist. Dabei löst der leichte und flüchtige Schnee im Frühling andere Gefühle und Empfindungen aus, als der massive und andauernde Schnee in den nördlichen Regionen Japans. Die weiße Masse kann sowohl als ein beschützender, tröstender Kokon als auch als ein erdrückendes, Angst auslösendes Gewicht empfunden werden.

Corinne Atlan benennt übrigens das Jahreszeitenwort eines jeden Haiku. Im hier zitierten handelt es sich um *yuki shimaku* (der Schnee wirbelt herum).

Natürlich entfalten Madokas Haiku auch ohne jede Erläuterung ihre poetische Aussagekraft und erzeugen den dem Genre so spezifischen Nachhall:

Sous le ciel bleu glacé	Unter dem eisblauen Himmel
impossible de fuir	unmöglich zu fliehen
ou de se cacher	oder sich zu verbergen
Enfermée	Eingeschlossen
entre des murs blancs –	zwischen weißen Wänden –
début de rhume	erste Anzeichen von Schnupfen
Nuit de Saint Sylvestre	Silvesternacht
chute de neige	Schneefall
en post-scriptum	als Post-Skriptum
Même malade	Sogar krank
je mets du vernis à ongles –	trage ich Nagellack auf –
le printemps est à ma porte!	der Frühling steht vor meiner Tür!

Horst-Oliver Buchholz

Der Horizont so weit

Das Haiku: Grundwissen – Vertiefungen – der Horizont. Volker Friebel, 164 Seiten, Edition Blaue Feder, Tübingen. ISBN 978-3-960390-29-9.

Volker Friebel hat ein Buch vorgelegt, das ein reiches ist, einem Schatz gleich, zusammengetragen in, wie er selbst es im Vorwort erzählt, in vielen Jahren, zunächst gedanklich, dann zu Papier gebracht, und er teilt diesen Schatz mit seinen Lesern. Mit diesem Buch öffnet Friebel einen weiten

Horizont, einen großen Raum, den er durchschreitet, durchmisst, die Tiefen auslotet. Er nimmt den Leser mit auf eine Reise, es ist eine Entdeckungsreise. Dafür hat Friebel eine klare Route vorgezeichnet. Das Thema Haiku – und verwandte Formen – wird Schritt für Schritt erkundet, eine klare Ordnung liegt dem zugrunde. Ein lehrreiches Buch ist es, aber nie belehrend. Als grundlegendes Werk verdient es in der Haiku-Literatur einen besonderen Platz. Es kann nur ein Ehrenplatz sein.

Doch der Reihe nach. In dem Buch werden zunächst die wesentlichen Merkmale eines Haiku, wie sie als gesichert beschrieben werden können, in einem Exkurs „Grundwissen" vorgestellt und erörtert. Auch für erfahrene Autoren ein lohnendes Kapitel, um sich die Grundlagen der Haiku-Dichtung einmal neu zu vergegenwärtigen. Von dort geht die Reise zurück in die Vergangenheit, wenn Friebel die Geschichte des Haiku nachzeichnet, beginnend vor Jahrhunderten in Japan, bevor er sich verwandten Formen wie Haibun, Tan-Renga oder Haiga zuwendet. Hier findet Friebel die richtige Balance von Kürze und Länge, nichts bleibt ungesagt, was gesagt werden muss, nirgends aber wird das Gesagte zum Wortschwall, der den Leser einlullen könnte, es bleibt konkret erfahrbar. Denn wie das Haiku selbst findet Friebel zu einer Sprache, die konkret ist, sachlich beinahe, aber zugleich jedoch auch Raum lässt für eigene Gedanken. Eine anregende lyrische Landschaft breitet sich so vor uns aus, wohl auch eine inspirierende, der Leser durchwandert sie gerne.

Dies ist vielleicht das besondere Wesen dieses Buches, dass es nämlich Ordnung gibt in das vielschichtige Thema Haiku, Orientierung auch, dass es aber nie in dieser ordnenden Struktur verharrt oder gar erstarrt. Vielmehr erleben wir sensitive, beinahe sinnliche Annäherungen und Betrachtungen, denen zwar eine fundierte rationale Sachkenntnis zugrunde liegt, die sich zugleich aber davon lösen und einen poetischen Raum betreten.

Damit ist Volker Friebel ein Kunstgriff gelungen: die glückliche Verbindung fachkundiger Informationen mit der Natur des Lyrischen, die stets über das konkrete Wort hinausweist. Friebel wendet diesen Kunstgriff an, indem er vor allem eins ins Zentrum rückt: nämlich das Haiku selbst, von dem es viele Beispiele vieler Autoren auf den 164 Seiten gibt. Diese Auswahl zeichnet zugleich die Historie des Haiku nach, beginnend mit den alten Meistern wie Matsuo Bashō bis hin zu experimentellen Haiku der Gegenwart.

Friebels Betrachtungen dazu sind von einer besonderen Durchdringung von theoretischer Erklärung und feuilletonistischer Betrachtung, mit denen er Schicht um Schicht des vielschichtigen Sujets freilegt. Besonders deutlich wird dies in dem Buchteil „Ästhetische Momente". Dort werden in 23 kurzen Kapiteln unterschiedliche Aspekte der Haiku-Dichtung beleuchtet, von Klang und Rhythmus über Nachhall und Gefühl bis hin zur Ästhetik des Wabi-Sabi. Kurz, konkret und poetisch geschieht dies, als sei es Lyrik selbst.

Einzigartig, der Rezensent zumindest las solches noch nie, sind die Schlusskapitel im Buch, zusammengefasst unter der Überschrift „Der Horizont". Wie ein großer Essay treten sie dem Leser entgegen und betrachten Themen, die nicht allein der Literatur und Lyrik zugrunde liegen, sondern die ins Grundsätzliche weisen wie die Möglichkeiten und Grenzen von Sprache und Kommunikation, von Wahrnehmung und Täuschung, von Sinnlichem und Rationalem. Mit behänder Leichtigkeit bewegt sich Volker Friebel hier zwischen den Welten objektiver Erkenntnis und subjektiver Erfahrung, angereichert mit Gedanken philosophischer Natur. Aus dem Leser wird ein Staunender. Und hier, zum Ende des Buches, bekommt der Schatz noch einmal einen besonderen Glanz.

Thomas Opfermann

Ein Windhauch zu kühl

Ein Windhauch zu kühl – Haiku – No Haiku, von Askja Modren, Verlag Schäfer & Schäfer GbR, Rheinbach 2019. 114 Seiten. ISBN 978-3-982061-01-6.

„Ein Windhauch zu kühl" liegt in einer mit Lesebändchen versehenen, wertigen, gebundenen Ausgabe mit einem schwarz-weiß-gestalteten Schutzumschlag vor mir. „Magische Momente" verspricht der auf der Rückseite abgedruckte Dreizeiler. Vorweg gesagt, wer von diesem Bändchen nur „klassische" Haiku erwartet, ist hier fehl am Platze. Entweder ist über die klassische Haiku-Definition hinauszuschauen, oder aber ein Betrachtungswinkel, die Dreizeiler als – wie autorenseitig angemerkt – Haiku-inspirierte Kurzgedichte, wie es das Kapitel „Über dieses Buch" (S. 114) verspricht, einzunehmen.

Henry Walter Bates Zitat „The process by which a mimetic analogy is brought about in nature is a problem which involves that of the origin of all species and all adaptions" (S. 9) ist im ersten Moment wenig erhellend, stoppt es meine Neugier doch, da das Zitat erst einmal übersetzt sein will, und mich dann trotzdem eher mit Fragezeichen als mit Klarheit versehen sieht. Ich blättere erst einmal weiter durch das Büchlein; Dreizeiler – überwiegend auf Deutsch, teils Englisch – platzieren sich lesefreundlich mit ein bis zwei Werken pro Seite – teils angenehm illustriert durch Schwarz-Weiß-Fotos, die die Stimmung der einzelnen Texte aufgreifen, ohne dabei für das Verständnis notwendig sein zu müssen.

Die Texte verteilen sich auf drei Kapitel – wer hier die klassische Jahreszeitenanordnung vermutet, liegt falsch. Vielmehr haben wir eine Dreiteilung, die – erläutert im Inhaltsverzeichnis auf S. 113 – zunächst ebenfalls nicht für Erkenntnis sorgt: fernöstlich anmutende Schriftzeichen (japanisch?), „Dismorphiinae" und „Libera me" lassen sich vermutlich erst über die Texte selber nachvollziehen oder interpretieren …

Die Texte selber sind neben der inhaltlichen Varianz auch formal und sprachlich sehr variabel – und immer wieder wohltuend überraschend. Klassisch anmutende Dreizeiler wie z. B. „Einen Hof weiter – / Zerkreischt eine Kreissäge / Die Mittagsruhe." (S. 48) wechseln mit sprachlich deutlich werdenden Worten, wie in „ihr bestes geben / und richtig gas das will sie / scheißeng der bh", bis hin zu wertenden Dreizeilern, die gemeinhin nicht mehr als Haiku betrachtet werden, z. B. „Eine Flocke / Auf meiner Nasenspitze. Jetzt? Zu dieser Zeit?" (S. 107).

Die Texte sind nicht einheitlich, konsequente Kleinschreibung der Worte, das einheitliche Entfallen von Satzzeichen, nein, auch hier findet Askja Modren keine durchgängige Linie ... Sprachliche Wechsel vom Deutschen ins Englische innerhalb eines Dreizeilers, auch damit überrascht Askja Modren den Leser an verschiedenen Stellen.

Insgesamt ein Band voller Dreizeiler zum Nachdenken, nicht zum bloßen Konsumieren – ob nun als Haiku oder haiku-inspiriert, das mag der geneigte Leser für sich selber entdecken ...

Haben Sie ein Buch, das Sie gerne in der Rubrik „Rezensionen/Besprechungen" rezensiert sehen möchten? Ob Leser/Leserin, Autor/Autorin oder Verlag: Schicken Sie es an:

Deutsche Haiku-Gesellschaft
Thomas Opfermann,
Dorfstr. 93, 52224 Stolberg

Die Redaktion begutachtet jede Einsendung; eine Garantie auf Veröffentlichung einer Rezension stellt dies jedoch nicht dar.

Bitte achten Sie beim Verfassen von Rezensionen darauf, dass nicht mehr als zehn Prozent des Buchinhalts zitiert werden.

Berichte

Beate Wirth-Ortmann

Herbst-Haiku-Workshop am 10.11.2019 in Wiesbaden

Zum achten Mal schon lud Ruth Karoline Mieger zum Haiku-Workshop nach Wiesbaden-Bierstadt ein und bereitete wieder mit viel Engagement den Tag vor. Das muss hier auch einmal gewürdigt werden: Danke, liebe Ruth Karoline, denn alles erfordert Zeit und Mühe: die Terminabsprache vor Ort, die Einladungen, die Veröffentlichungen und Anrufe etc. Am Tag des Haiku versorgte sie dann die Teilnehmer wieder mit Süßem, Kaffee, Tee, Wasser und Kuchen, kommt dergestalt vollbepackt mit dem Tagungsraumschlüssel und verschönert dazu die Tische mit liebevoller Dekoration. Das ist Liebe zum Haiku!

Klaus-Dieter Wirth eröffnete dann den Morgen erneut mit einer Einführung „in den Geist des Haiku aus japanischer Sicht". Zum tieferen Verständnis diente das japanische Sprichwort:

„Beim Betrachten der Natur werden die Gefühle geweckt."

In der folgenden Diskussion zeigte sich durchaus, wie schwierig es für westliches Denken ist, dem uneingeschränkt zu folgen. Trotzdem konnte man sich grundsätzlich auf Folgendes einigen:

a) Sich Zeit nehmen zum Betrachten.
b) Die Natur als Formgrund nehmen, die es zu beschreiben gilt.
c) Der Mensch ist integrierter Teil der Natur (fühl dich wie ein Baum), wird angerührt durch die Betrachtung (kokoro), woraus die Gefühle geboren werden.
d) Entscheidend sind beim Betrachten der Natur die „Sinneswahrnehmungen", die im Haiku geäußert werden = sensuell; dem steht das Tanka gegenüber, was von „Gefühlen" ausgeht = emotional.

e) Das Haiku ist <u>nicht</u> „anthropozentrisch", obwohl ein dezentes „Ich"
erscheinen darf. Sonst liefe es nach strengen, klassischen Kriterien auf
ein „Senryu" hinaus, das vielmehr menschliche, auch gesellschaftliche
Schwächen unverletzend und ironisch darstellt.

Dann wurde anhand von drei Beispielen der Blick auf das „Ich" im Haiku
gelenkt:

Aus stehendem Wasser
schöpfe ich
Stimmen von Fischen

   Toshio Kimura (JP)

falsche Nummer
ich bestehe darauf
nicht Harry zu sein

   Leo Lavery (IE)

erste Jagd
meine Beute
erschrcckt mich

   Ryan McCarthy (US)

Das japanische Haiku ist klassisch traditionell, das irische ein „Senryu", das
amerikanische „anthropozentrisch", und dieses widerspricht damit dem
„Geist des Haiku".

Der Nachmittag war den Haiku der Teilnehmer gewidmet und geprägt
von guten Gedanken, Fragen, Einwendungen und Vorschlägen.

Dazu einige Beispiele, ohne den Weg von Veränderungen aufzuzeigen:

auch mein schatten
auf den herbstblättern
älter geworden

Fast durchsichtig
zwischen den kahlen Ästen
nur ein Nebelstreif

Windstille –
auf dem Wetterhahn
putzt sich ein Rabe

In der Dämmerung
träges Warten der Stunden
im Nebel

erster Frost
in den Händen die Sonne
reifer Äpfel

viel Zeit …
Fastentag –
Urlaub vom Essen

der himmel
über den leeren feldern
ungeerntet

Pilzzeit
gut gefüllte Speicherkarte
in meiner Kamera

Sonnenlicht und Wind
in der knorrigen Weide
tanzen die Schatten

Rita Rosen

Haiku-Kreis Wiesbaden

Der Haiku-Kreis Wiesbaden feierte im September 2019 sein zehnjähriges
Bestehen. Über all die Jahre hin trafen sich die Haijin regelmäßig einmal im
Monat. Wir brachten die selbst geschriebenen Haiku mit und arbeiteten an
ihnen konstruktiv. Viele Haiku konnten ohne Veränderungen bestehen,
viele Haiku konnten verbessert werden. Bei den Vorschlägen zur Verbesse-
rung wurde immer wieder die Offenheit angemahnt oder auch die inhaltli-
che Neugestaltung der dritten Zeile. Kritik an den Haiku zu üben und
anzunehmen, war auch ein wichtiges Lernziel der Gruppenarbeit.

Einige schöne Projekte entstanden. So das Buch „Haiku-Anthologie des
Haiku-Kreises Wiesbaden 2013" mit Haiku von acht Mitgliedern herausge-
geben von Rita Rosen. Die künstlerische Gestaltung übernahmen Studen-
tInnen der Hochschule RheinMain. Oder die Kalender für die Jahre
2018/2019 mit Fotos und Haiku der Gruppenmitglieder.

Viele Lesungen wurden durchgeführt. So fand jeweils im Dezember eine
Lesung am Ort des regelmäßigen Treffens statt. In den Medien wurde diese
Veranstaltung angekündigt. Sie entwickelte sich so zu einer feststehenden
Aktivität im Kulturleben der Stadt Wiesbaden.

Das zehnjährige Bestehen der Gruppe wurde zur Lunchzeit in einem
sonnigen Gartenlokal gefeiert. Mitglieder und ihre Freunde nahmen daran
teil. Als Beitrag lasen die einzelnen Haijin ihre „Lieblings-Haiku" vor, die in

der Vergangenheit entstanden waren. An manche konnten wir uns noch erinnern. Oder es wurde gebeten, Haiku vorzulesen, die besonders gut gelungen waren. Das Erinnern und Wiedererkennen erfreute sehr, war es doch ein gutes Zeichen für die Bild- und Ausdrucksstärke der Haiku. Hier ein Beispiel:

Mußestunden
eine Schale Tee
Silben tanzen auf dem Blatt

Auch in Zukunft wird der Kreis sich treffen. Jedoch wird das Konzept geändert. Wir treffen uns nun vier Mal im Jahr zu einem „Haiku-Spaziergang“. Am Nachmittag gehen wir einige Stunden in die Natur; und am Abend schreiben wir über das Erlebte Haiku und tragen sie vor. Dies in unserem gemütlichen Treffpunkt: Caliban Literaturwerkstatt, Herderstraße 31, Wiesbaden. Durch vorherige Veröffentlichung laden wir weitere InteressentInnen zum Mitmachen ein.

Wir hoffen, noch viele gute Haiku in Zukunft zu schreiben, sie vorzulesen oder auch gedruckt zu sehen. Wir sehen dies als unseren Beitrag an, das Haiku in der Welt der Literatur und seiner FreundInnen weiterhin bekannt zu machen.

Rita Rosen

Haiku und Klänge im Radio

In einer Sendung der „Caliban Literaturwerkstatt Wiesbaden“ stellte Rita Rosen bei Radio-Rheinwelle 92,5 – www.radio-rheinwelle.de – im Dezember 2019 eine CD vor unter dem Titel: Haiku und Klänge. Die CD „Sonnengekringel“ – 17 Silben – 17 Haiku – 17 Klänge produzierten Rita Rosen und Christoph Zehm. Sie enthält Haiku von Rita Rosen – von ihr auch gesprochen – und Klaviermusik – eigens zu den Haiku von Christoph Zehm komponiert und gespielt. Das Titel-Haiku lautet:

Pause im Garten
auf geschlossenen Lidern
Sonnengekringel

Die zweite CD hat den Titel: „Haiku und Klangspuren in Glas". Sie wurde herausgegeben vom Frankfurter Haiku-Kreis. Viele Mitglieder des Kreises sind mit ihren Haiku hierauf vertreten. Die Haiku liest Gustl Meyer-Fürst. Peter Knodt hat die Haiku vertont für Glastrompete. Er spielt dieses Instrument auch.

Zur Erinnerung an die Gründerin und langjährige Leiterin des Kreises: Erika Schwalm – hier ihr Haiku:

Die nackte Weide
legt Ohrringe an; das Gras
feiert Auferstehung

Die beiden CDs sind ein ausgezeichnetes Beispiel für das Zusammenspiel von Wort und Musik. Der Nachhall der Haiku wird in beiden Werken musikalisch ausgeweitet und erhält hierdurch eine tiefergehende Dimension.

Stefan Wolfschütz

HALLO HAIKU

Die DHG ist 30 Jahre nach ihrer Gründung groß geworden. Zurzeit besitzt unser Verein 270 Mitglieder. Alle zwei Jahre findet eine Mitgliederversammlung statt. Dort treffen sich meist 30 bis 40 Mitglieder. Doch wie können die anderen 200 mehr voneinander erfahren?

Diese Frage möchte der Vorstand mit einer neuen Website beantworten. Eine Webseite, auf der es einen geschlossenen Mitgliederbereich gibt. Darin hat jedes Mitglied die Möglichkeit, mehr von sich beizutragen. Ein Bild, ein Haiku, ein Tanka, Haibun oder Haiga. Biografische Notizen. Möglicherweise die eigene Webseite oder eigene Veröffentlichungen

mitteilen. Jeder, wie er will und möchte. Dazu kommen ein Forums-
bereich, eine Haiku-Bibliothek, ein Veranstaltungsbereich und noch eini-
ges mehr.

Die persönlichen eingetragenen Daten sind nur den Mitgliedern zu-
gänglich. Nachrichten, Ankündigungen und Texte aller Art werben natür-
lich auch öffentlich für das Haiku sowie unsere Gesellschaft. Und das
Baby hat einen Namen bekommen: HALLO HAIKU. DAS ON-
LINEMAGZIN DER DEUTSCHEN HAIKU-GESELLSCHAFT E.V.
Schließlich wird der gesamte Webauftritt unter der zentralen Domain
www.haiku.de stattfinden. Die Domain habe ich der DHG für die Zukunft
zur Verfügung gestellt.

Wenn diese Zeilen erscheinen, soll die neue Webseite bereits freige-
schaltet sein. Wir haben im Vorfeld für jedes Mitglied der DHG, das eine
E-Mail-Adresse besitzt, einen Account auf der neuen Webseite angelegt
und über die E-Mail-Adresse, die bei uns verzeichnet ist, angeschrieben.
Sollte jemand diese Informationen hier im SOMMERGRAS lesen und
bisher keine E-Mail-Benachrichtigung erhalten haben, so bitten wir darum,
sich mit uns in Verbindung zu setzen, damit wir die Zugangsdaten über-
mitteln können. Die einfachste Möglichkeit für eine solche Mitteilung ist
das Kontaktformular auf der Webseite: www.haiku.de/kontakt

Wir freuen uns auf die Beteiligung und das damit verbundene Geschehen
auf der neuen Webseite.

HINWEIS
Wir haben alle Mitglieder, die bei uns eine E-Mail-Adresse angegeben
haben, per E-Mail informiert. Manche E-Mail-Adressen sind aber schon
sieben Jahre alt oder noch älter und möglicherweise nicht mehr aktiv. Wer
von unseren Mitgliedern eine E-Mail-Adresse besitzt und in den letzten
Wochen keine Benachrichtigung erhalten hat, den bitten wir, uns per
E-Mail seine aktuelle E-Mail-Adresse zukommen zu lassen, damit wir die
Zugangsdaten für den Mitgliederbereich übersenden können. Bitte die
Mitteilung senden an info@haiku.de.

Mitteilungen

Neuveröffentlichungen

1. Rita Rosen/Christoph Zehm: Sonnengekringel – 17 Silben – 17 Haiku – 17 Klänge. 1 CD, Wiesbaden 2019
Haiku von Rita Rosen – von ihr auch gesprochen – und Klavierkompositionen von Christoph Zehm – von ihm auch gespielt.
Zu beziehen bei: Rita Rosen, Kleiststr. 11, 65187 Wiesbaden.

2. Brigitte ten Brink und Gabriele Hartmann: Abbey Road, 18 Renhai, Miniaturbuch A6, 24 Seiten, Handarbeit, bon-say-verlag, 2020.
Zu beziehen unter: info@bon-say.de

3. Volker Friebel und Gabriele Hartmann: Heilige Quelle, 6 Tan-Renga, Origami-Booklet, von Hand gefaltet und geschnitten, A7 aus A4, 8 Seiten, bon-say-verlag, 2020. Zu beziehen unter: info@bon-say.de

4. Volker Friebel und Gabriele Hartmann: vollendet, 6 Tan-Renga, Origami-Booklet, von Hand gefaltet und geschnitten, A7 aus A4, 8 Seiten, bon-say-verlag, 2020. Zu beziehen unter: info@bon-say.de

5. Gabriele Hartmann: „lausche dem Strom", 7 Haiku zum Frühling, Origami-Booklet, von Hand gefaltet und geschnitten, A7 aus A4, 8 Seiten, bon-say-verlag, 2020. Zu beziehen unter: info@bon-say.de

6. Gabriele Hartmann: „Stille zu malen", 7 Haiku, Origami-Booklet, von Hand gefaltet und geschnitten, A7 aus A4, 8 Seiten, bon-say-verlag, 2020. Zu beziehen unter: info@bon-say.de

7. Gabriele Hartmann: „am Meer", 6 Haiku, Origami-Booklet, von Hand gefaltet und geschnitten, A7 aus A4, 8 Seiten, bon-say-verlag, 2020. Zu beziehen unter: info@bon-say.de

Sonstiges

Workshops

1. **Workshop in Wiesbaden**: Sonntag, 05. April 2020 von 10 bis 16 Uhr. Veilchen duften. Zum Haiku-Workshop laden wir sowohl Anfänger als auch alte Hasen herzlich ein. Zum Einstieg werden wir uns mit Klaus-Dieter Wirth auf die definitiv verbliebenen Grundsatzkomponenten des Haiku nach all den Erosionsprozessen mit Bezug auf das Silbenschema, das Jahreszeiten- und das Schneidewort besinnen und darüber diskutieren. Spätestens nach der Mittagspause besprechen wir unsere mitgebrachten Haiku.
Ort: 65191 Wiesbaden-Bierstadt, Hofstr. 2, Gebäude der ehem. Robert-Koch-Schule, Raum im EG.
Anmeldung: Ruth Karoline Mieger,
Wiesbaden, Tel. 0611/609 28 92
E-Mail: rkmieger@gmx.de
Leitung: Klaus-Dieter Wirth

2. **Im Dialog II – Haiga-Workshop** (Claudia Brefeld)
Treffpunkt: im Gebäude der ehemaligen Robert-Koch-Schule, Hofstr. 2, 65191 Wiesbaden-Bierstadt. (Raum gegenüber der Geschäftsstelle des vbw-Bierstadt)
Termin: 16. Mai, 10.00 – 16.00 Uhr
Anmeldung: Ruth Karoline Mieger,
Am Speiergarten 6, 65191 Wiesbaden,
Tel. 0611 – 609 28 92,
E-Mail: rkmieger@gmx.de
Neue und erfahrene Haiku-Autoren sind gleichermaßen dazu eingeladen. Ob traditionell, experimentell oder expressionistisch: Ich möchte im Workshop unseren Blick, unsere Aufmerksamkeit auf die Reduktion (Bild) und den Haiku-Moment und Nachhall (Haiku) lenken. Wenn möglich, bitte ausgedruckte Fotos, Collagen oder Bilder in ausreichender Größe (Din A 5 oder DIN A 4) mitbringen, gerne auch eigene Haiku, sodass eigene Haiga entworfen werden können, die wir anschließend

betrachten, besprechen und ggf. weiterentwickeln würden, sofern gewünscht.

Leitung: Claudia Brefeld

3. Am Sonntag, den 24. Mai 2020 findet im Rahmen des Freinsheimer Literaturfestes im Retzerpark in Freinsheim, Kreis Bad Dürkheim bei Ludwigshafen, zwischen 13 und 16 Uhr ein offener Haiku-Workshop statt. Anhand von Wortbausteinen können nach meiner Einweisung Haiku zu den Themen „Frühling" und „Freiräume" gestaltet werden. Um 16 Uhr werden die fertigen Haiku auf der Bühne vorgestellt und der Schaffensprozess kurz erläutert. Die Autoren tragen auch im Park den Gästen ihre Haiku vor. Weitere Informationen: Birgit Heid, birgit-heid@t-online.de, Tel.: 06341-63 921.

Haiku-, Tanka- und Haiga-Mentoring

Für das **Haiku-Mentoring** stellt sich zur Verfügung

Claudia Brefeld   claudia.brefeld@rub.de

Für das **Tanka-Mentoring** stellt sich zur Verfügung

Tony Böhle   tonyboehle@web.de

Für das **Haiga-Mentoring** stellt sich zur Verfügung

Claudia Brefeld   claudia.brefeld@rub.de

Haiku-Aufruf 2020 der DHG für die Haiku-Agenda 2021

Die Teilnahmebedingungen sehen vor:

– Bis zu vier Haiku pro Teilnehmer, wobei jedes Haiku eine andere der vier Jahreszeiten thematisieren soll, wozu sich beispielsweise die bekannten Bezüge zu Klima und Natur, zu Fest- und Feiertagen eignen.

– Die Haiku müssen unveröffentlicht sein.

– Für das Cover der Agenda 2021 nehmen wir gerne Gestaltungsvorschläge entgegen. Hier gelten folgende Bedingungen:

– Eine Einsendung (in Hochformat, ohne Beschriftung) pro Teilnehmer

– Einreichen im verkleinerten Format ist möglich – zur Verwendung müsste der Vorschlag in ausreichender Größe (etwa 1400 Pixel x 2250 Pixel oder mehr) zur Verfügung gestellt werden können.

Einsendeschluss für alle Zusendungen zur Haiku-Agenda 2021:

30. Juni 2020 – Stichwort „Agenda 2021"

Per E-Mail bitte an:

peter.rudolf@dhg-vorstand.de

Per Post bitte an:

Petra Klingl

Wansdorfer Steig 17

13587 Berlin

Coverbild

Das Bild für das Cover dieser Ausgabe kommt von Sandra Werning.
Sandra Werning wurde 1976 in der Wartburgstadt Eisenach geboren, lebt gemeinsam mit ihrem Mann in einem alten Pfarrhaus im Erzgebirge.

Sie arbeitet als Sozialarbeiterin in einem Krankenhaus und liebt diesen Beruf sehr. In ihrer Freizeit sammelt sie schöne Momente im Garten, sowie während ausgedehnter Spaziergänge im Wald oder am Meer. Diese Augenblicke hält sie gerne mit Stift und Papier, aber auch mit ihrer Lumix fest. Bisher sind von ihr zwei Reiseberichte in den Anthologien der Reihe „Autoren ohne Grenzen" des traveldiary-Verlages erschienen.

Impressum

Vierteljahresschrift der Deutschen Haiku Gesellschaft
32. Jahrgang – März 2020 – Nummer 128

Herausgeber: Vorstand der DHG
Tel.: 040/460 95 479
E-Mail: info@deutschehaikugesellschaft.de

Redaktion: Horst-Oliver Buchholz, Eleonore Nickolay, Thomas Opfermann,
Ramona Linke, Claudia Brefeld

Titelillustration: Sandra Werning
Covergestaltung: Stefan Wolfschütz

Lektorat, Satz Martina Khamphasith
und Layout:

Freie Mitarbeit erwünscht. Ihre Beiträge schicken Sie bitte per

E-Mail an: Horst-Oliver Buchholz, Eleonore Nickolay, Thomas Opfermann:
redaktion@deutschehaikugesellschaft.de

Post an: Petra Klingl, Wansdorfer Steig 17, 13587 Berlin

Über die Veröffentlichung der Beiträge entscheidet die Redaktion. Die Meinung unserer Autoren muss sich nicht immer mit der Meinung der Redaktion decken. Die Beiträge werden von uns sorgfältig geprüft, für die Richtigkeit, Vollständigkeit und Aktualität der Inhalte, insbesondere der fremdsprachlichen Texte, können wir jedoch keine Gewähr übernehmen.

In der Zeitschrift SOMMERGRAS wird (betrifft Beiträge der Redaktion) die männliche Form stets generisch gebraucht und bezieht folglich die weibliche Form mit ein.

Einsendeschluss
für die Haiku- und Tanka-Auswahl: 15. April 2020
20. April 2020 Bitte beachten Sie den geänderten
© Alle Rechte bei den Autoren. **Redaktionsschluss!**
Nachdruck nur mit Genehmigung des Herausgebers gestattet.

Jahresabonnement Inland (inkl. Porto) 45 €
Jahresabonnement Ausland (inkl. Porto) 55 €
Einzelheftbezug Inland (inkl. Porto) 12 €
Einzelheftbezug Ausland (inkl. Porto) 14,50 €
Auslandsversand nur auf dem Land-/Seeweg.

Der Mitgliedsbeitrag beträgt 45 € im Jahr und beinhaltet die Lieferung der Zeitschrift (Inland inkl. Porto, Ausland + 10 € Porto).
Die finanzielle Unterstützung der DHG quittieren wir mit Spendenbescheinigungen.